Pensar é Dizer Não

Jacques Derrida (1930-2004) é um filósofo franco-argelino de família judaica do Magreb. Sua formação se dá na França, notadamente na Escola Normal Superior, Paris, Rua d'Ulm (1952), prestando o concurso da *agrégation* em 1959. Sob o impacto da filosofia francesa do entreguerras, inicia suas pesquisas na esteira da recepção da fenomenologia husserliana na França, desdobrando temas de Husserl num novo conjunto de problemas que pouco a pouco se cristalizam sob o nome de "desconstrução". É sob a égide da "desconstrução" que Derrida faz a passagem de armas geracional nos anos 1960, tornando-se um dos nomes mais importantes da então geração ascendente. Tem uma obra extensa, abarcando temas que vão da lógica à ética, toda marcada por sua particular prosa filosófica.

Jacques Derrida

Pensar é Dizer Não

Texto estabelecido por Brieuc Gérard

Tradução
ALEXANDRE DE OLIVEIRA TORRES CARRASCO

Revisão técnica
FERNANDA ALT

wmf martinsfontes

Esta obra foi publicada originalmente em francês com o título
PENSER, C'EST DIRE NON por Éditions du Seuil.

1ª edição *2024*

Editores *Pedro Taam e Alexandre Carrasco*
Tradução *Alexandre de Oliveira Torres Carrasco*
Acompanhamento editorial *Rogério Trentini*
Preparação de textos *Rogério Trentini*
Revisão técnica *Fernanda Alt Fróes Garcia*
Revisões *Marise Simões Leal e Daniel Seraphim*
Produção gráfica *Geraldo Alves*
Paginação *Renato Carbone*
Capa *Katia Harumi Terasaka Aniya*

Dados Internacionais de Catalogação na Publicação (CIP)
(Câmara Brasileira do Livro, SP, Brasil)

Derrida, Jacques, 1930-2004
Pensar é dizer não / Jacques Derrida ; texto estabelecido por Brieuc Gérard ; tradução Alexandre de Oliveira Torres Carrasco ; revisão técnica Fernanda Alt. – São Paulo : Editora WMF Martins Fontes, 2024. – (Métodos)

Título original: Penser, c'est dire non
ISBN 978-85-469-0609-3

1. Alain, 1868-1951 – Crítica e interpretação 2. Pensamento I. Gérard, Brieuc. II. Título. III. Série.

24-205827 CDD-194

Índices para catálogo sistemático:
1. Filosofia francesa 194

Cibele Maria Dias – Bibliotecária – CRB-8/9427

Todos os direitos desta edição reservados à
Editora WMF Martins Fontes Ltda.
Rua Prof. Laerte Ramos de Carvalho, 133 01325.030 São Paulo SP Brasil
Tel. (11) 3293.8150 e-mail: info@wmfmartinsfontes.com.br
http://www.wmfmartinsfontes.com.br

SUMÁRIO

APRESENTAÇÃO

DERRIDA: VARIAÇÕES DIONISÍACAS SOBRE O SIM E O NÃO

"Pensar é dizer não" é a máxima de Alain que foi tema do curso ministrado em 1960-1961 por Derrida, professor em início de carreira na Universidade Sorbonne. Constituída de anotações escritas à mão, às quais não faltam rasuras, setas, indicações de comentários a serem feitos oralmente e fichas em frente e verso, esta obra se-ria uma exegese da fórmula de Alain. As indicações co-meçam assim: "Primeira aula. 'Pensar é dizer não.' Alain (L. P. 1924. P. R. 203). Introdução (lembrar do esquema clássico). (Serei necessariamente mais longo, tentar di-zer o máximo de coisas possível. Tentarei respeitar <as> proporções.)" E Derrida anota na sequência: "Há dois modos de colocar a questão: o que é o pensamento? – 1 – Pode-se o fazer de modo tradicional, isto é, essencialista ou mesmo substancialista: o que equivale a se perguntar: qual é o ser-verdadeiro do pensamento que se esconde por trás dos diversos fenômenos, manifestações, modalidades, os diversos tipos de atos de pensamento?" Derrida se desvia de Alain para interrogar o que é "pensar", "dizer" e "não" na história epistemológica, transgredindo a aproximação direta da sentença original. Assim, já se tem a dimensão, a um só tempo filosófica e literária, do pensamento de Derrida em seus aspectos especulativos, já que cada um dos conceitos contém sua própria negação interna. Eis então que o pensar substancialista de um *cogito* e o dizer predicativo são habitados pelo "não", que, por sua vez, é evocado como imanente ao sim. E Derrida anota:

> No momento em que o pensamento diz "sim", ele não negaria a si mesmo, não se renegaria, não diria não a si próprio precisamente porque esse sim marca a passagem do despertar crítico, da desconfiança vigilante da sentinela , que é a marca de todo pensamento vivo, vivaz, em relação à passividade da crença, que supõe sempre um fundo de credulidade e ingenuidade.

Passividade aqui é cenarizada como a cabeça que assente e, dirigida para baixo, é a atitude da sonolência do espírito. Já o gesto do "não", a cabeça movimentando-se de um lado para o outro, é o despertar: "o despertar sacode a cabeça e diz não".

O corpo é passivo e sonolento; a consciência é ativa e desperta, mas por uma brusca interrupção do sonho. Por isso, o advento da razão vigilante se dá na alternância do estupor com a inquietação, da estagnação do sim com a vivacidade do não. Mas também o seu contrário, uma vez que, todos habitados "hegelianamente", o sim poderia ser um não, o qual, como o sim, supõe uma preferência:

> Ora, o que importa – e a Alain em primeiro lugar –, o que é interessante, filosoficamente, não é que o pensamento recuse isto ou aquilo, isto de preferência àquilo; é que ele seja a recusa de si próprio [...]; o que importa é que esse não, antes de tropeçar em tal ou tal objeto, seja o próprio projeto da consciência. [Ele] é constitutivo da

> consciência. [...] O espírito só pode então entregar Guerras de Troia porque seu inimigo já está sempre a postos, porque o espírito não pode combater senão o espírito [...]. Transposição do tema hegeliano, em um registro completamente diferente [...]. Não há guerra na natureza. Consciência e autocontestação.

Tudo se passa no âmbito de uma indeterminação, pois, para Alain, segundo Derrida, o negativo opera como uma essência própria ao pensamento e como uma modalização acidental. Nada, pois, de estável ou estabilizador. Procurar a verdade é ter crença no verdadeiro, pois este sempre nos escapa. Alain enunciaria, então, que tudo em que se crê "nunca é verdadeiro".

Descartes, Malebranche, Hegel, Sartre, Heidegger, a fenomenologia, o ceticismo antigo, Braque, Bergson, a psicanálise, todas as provas e contraprovas do Sujeito e da Razão, já revelam, nestas aulas, o Derrida filósofo historiador da filosofia, prenunciando, sem anacronismo, a crítica à metafísica da presença e seus dualismos de aparência/essência, sensível/inteligível, imanência/transcendência, lembrado/vivido, *fort/da*, aqui/lá, presença/ausência, ativo/passivo, eu/outro, ser/nada. Expondo o que é uma afirmação, Derrida evoca Bergson: "A afirmação, diz Bergson, é um ato intelectual completo, enquanto a negação não é senão uma afirmação mutilada, não é senão uma metade do ato intelectual que consiste em rejeitar uma afirmação possível sem substituí-la por outra."

Verdadeira *fluctuatio animi*, há em Derrida trânsitos de sentidos descentrados que não são, mas também o são, como um "quase" ou um "*et cetera*", que, nas suas análises "desconstrutivistas", constituem-se em "acrobacias" fonéticas, como viria a ser, em particular, *différence* e *différance*, cujo mesmo som oral requer a escrita para tensionar e, ao mesmo tempo, complementar a "diferença" e o diferir, a diferenciação e o adiamento do roçar o sentido de palavras e conceitos, usando onomatopeias, sinonímia exótica, genitivos ativos e passivos – o que ressalta aproximações imprevisíveis: *pharmakon* (remédio e veneno), *Verspechen* (promessa e seu perjuro), loucura e *logos*, Medeia e médon, *khora* (forma informe), "nostalgéria" (nostalgia e Argélia), "circonfissão" (circuncisão e confissão), contradições ideológicas e "tensão neurótica", "reprimida" nas palavras, disseminando o sentido em juízos afirmativos-negativos: "Um juízo afirmativo é sempre uma tese, e eu não experimentaria a necessidade de enunciá-la, de formulá-la se não a fizesse contra seu contrário, contra sua constatação possível, contra uma antítese que rasuro precisamente no juízo afirmativo."

Isso significaria que, ao predicar-se, já se reconhecem rastros nos conceitos, havendo sempre por perto um fantasma que assombra qualquer sequência absoluta entre uma afirmação e uma negação, um "antes" e um "depois", uma vez que há, simultaneamente, uma dimensão temporal e espacial em permanente troca de "lugares", contraespectralidade e espectralidade:

> Vejam vocês que a referência ao juízo negativo também assombra o juízo afirmativo e sempre suspende sua tese à hipótese de uma constatação. Assim, pode-se dizer do juízo afirmativo o que Bergson dizia do juízo negativo: ele é tanto sobre um juízo possível quanto sobre um objeto. É, pois, igualmente secundário e dialético quanto o é um juízo negativo. No fundo, as características definidas por Bergson são aquelas da atitude judicativa em geral e da linguagem objetiva em geral.

Esse labirinto epistêmico do comentário, que "desconstrói" a unidade do conceito que se quer representante da coisa da qual é o conceito, é um "método indireto", a forma assistemática do sistema, em vez da Totalidade completa a que nada falta. Razão pela qual Derrida anota no *Cartão-postal*: "tão somente este desvio pode deslocar uma destinação imperturbável e uma ordem inflexível. Uma tal errância (eu a denominei em outro lugar 'destinerrância') pode convir às leis do destino, às convenções ou aos contratos, aos acordos do *fatum* (*fati foedera* [Lucrécio, *De natura rerum*, 2: 254])"[1]. Toda a questão é encontrar em que momento a palavra ou conceito "destinerrância" foi utilizada pela primeira vez: talvez em seu ensaio sobre Lacan, "O fator da verdade", cujo sentido, no entanto, não é inteiramente explicitado. Ou, ainda, a própria palavra seja consequência de uma "destinerrância", um vagar de *locus* a *locus*, como se seu sentido já fosse dado por estabelecido em algum outro lugar, como ocorreria com "pensar é dizer não". E na ficha de número 4 encontra-se a maneira derridiana de interpretar diferindo um sentido último ou um que fosse originário:

> Bossuet – de uma positividade da força negativa. Lógica: infeliz ≠ não feliz, injusto ≠ não justo. Sigwart – ideia negação definida nem pela presença de um conteúdo mental positivo nem por sua ausência. Pensar A como ausente é, antes de tudo, pensá-lo e, logo, tê-lo presente no espírito. Kant – nenhum conceito negativo do ponto de vista lógico, mas realidade do ponto de vista transcen-

1. "Destinerrância" encontra-se, em escritos de Derrida, no sentido de "conceito" ou "motivo", que traz consigo o tempo, sendo, assim, a possibilidade de extravio, de não se alcançar um objetivo predeterminado; encontra-se por disseminações nos termos de *différance*, rastro, evento, por vir (*à venir*), democracia, adestinação, justiça, hospitalidade e dom, entre outros. Cf. "Envois" e "Le facteur de la vérité", in Jacques Derrida, *La carte postale*. Paris: Flammarion, 1980, pp. 7, 273, 441 e 524.

> dental. Hamilton – "There is no negation conceivable without the concomitant conception of an affirmation, for we cannot deny a thing to exist, without having a notion of the existence which is denied." [Não há negação concebível sem a concepção simultânea de uma afirmação, dado que não podemos negar que uma coisa exista sem ter a noção da existência disso que é negado.] Kant – *Crítica da razão pura*. "Do ponto de vista do conteúdo de nosso conhecimento em geral, [...] as proposições negativas têm por função própria simplesmente impedir o erro." Citado por Sigwart citado por Bergson.

Essa desconstrução de conceitos é contemporânea da desconstrução de um pensador que sempre contém outro, que por sua vez remete a outros. Essa é a maneira de a desconstrução ser também uma construção dos sentidos, em uma análise terminada e interminável. Porque tudo se dá em um contexto, e este nunca é totalmente "assegurado ou saturado"; letras, números, nomes, conceitos, juízos dividem-se no interior de si mesmos e se multiplicam, por essa possibilidade de serem utilizados diferentemente em inúmeras circunstâncias, como também de se subtraírem a elas, emancipando-se de todo vínculo com "origem", sentido definitivo ou referente único. Razão pela qual se conclui, mas por uma interrogação que aguarda outras explicitações e comentários (ficha 10):

> Alain. Eis meu dogma: *Para duvidar, é necessário estar seguro*, p. 280. "[...] Nem mesmo haveria teologia sem um grão de dúvida. 'É bom', disse algum doutor, 'que haja heréticos'. Maneira de dizer que o espírito que não sabe mais duvidar desce abaixo do espírito. E mesmo a virtude de um santo: o que é senão uma dúvida heroica a respeito da virtude?"

Olgária Matos

PREFÁCIO
O SIM O NÃO

O curso magistral[1] "Pensar é dizer não" foi ministrado por Jacques Derrida ao longo do ano escolar de 1960-1961 na Sorbonne, onde, por quatro anos, fora assistente de filosofia geral e lógica de professores como Georges Canguilhem, Suzanne Bachelard, Jean Wahl e Paul Ricœur. Como ele mesmo lembra em texto escrito em homenagem a este último e publicado nos *Cahiers de l'Herne*[2], era-lhe, então, atribuída uma autonomia completa quanto aos temas de seus cursos e à organização de seus trabalhos dirigidos[3]. Isso irá mudar em 1964, quando ele se vincula à Escola Normal Superior, seguindo, anualmente, o programa da *agrégation*[4] em filosofia. Apesar da

1. "Curso magistral" é um nome típico do ensino na França. Trata-se de um curso dado pelo professor sem a participação de alunos ou assistentes. Doravante simplesmente *curso*. [N. do T.]

2. Jacques Derrida, "La parole. Donner, nommer, appeler", in *Cahiers de l'Herne: Ricœur*. Paris: L'Herne, 2004, p. 21.

3. Um "trabalho dirigido" é comumente uma aula em pequenos grupos (entre vinte e 25 pessoas no máximo), que em geral acontece após um curso. Em um "trabalho dirigido", os alunos e o instrutor discutem um conceito específico abordado nesse curso. [N. do T.]

4. *Agrégation* é um concurso público voltado ao recrutamento de professores para o ensino médio e o ensino superior. É o mais prestigio-

carga considerável de trabalho, Derrida disse que esses anos passados na Sorbonne foram os mais felizes da sua carreira no ensino superior[5]. Os escritos que resultam desse período de ensino, inéditos até o momento, tratam de uma grande variedade de temas.

Foi no quadro dessas funções que Derrida consagrou quatro aulas à frase de Alain, frase que também dá título à presente obra. Como nenhuma data foi registrada, é difícil saber em qual período do ano o curso ocorreu. Apesar dessa incerteza, um elemento material, porém, arrima esse curso nas circunstâncias de sua época. O manuscrito foi redigido em papel timbrado: "Faculdade de Letras e Ciências Humanas/História da Colonização"[6] – uma lembrança de que aqueles anos foram também os do movimentado contexto do país de nascimento do filósofo, a Argélia, que ganharia sua independência no ano seguinte, em 1962. Aliás, o mesmo papel timbrado foi utilizado por Derrida para a redação de sua introdução ao ensaio "A origem da geometria", de Edmund Husserl, que ele traduziu e concluiu em julho de 1961.

O texto de *Pensar é dizer não*, escrito à mão por Derrida para as necessidades de um curso e ainda completa-

---

so concurso de recrutamento para esse fim na França e remonta a 1766, no reinado de Luís XV. Com a reforma educacional napoleônica, adquiriu um estatuto marcadamente republicano e até hoje serve para formar uma elite intelectual ligada ao ensino público. O *agregé* ou *agregée* torna-se funcionário público, e o título, que decorre da aprovação no concurso, tem status de título honorífico. [N. do T.]

5. Jacques Derrida, "Discours de réception de la Légion d'honneur". Inédito, arquivos IMEC, cota 219DRR/253/5, 1992.

6. A cadeira de história da colonização da Sorbonne extinguiu-se em 1961. Ela era então ocupada pelo jornalista e historiador Charles-André Julien (1891-1991). Ver Oissila Saaïdia e Laurick Zerbini (orgs.), *La construction du discours colonial: l'empire français aux XIXe e XXe siècles*. Paris: Karthala, 2009, p. 48.

mente inédito, jamais teve por finalidade ser publicado. Eis que, no entanto, torna-se hoje o primeiríssimo texto do *corpus* derridiano, uma vez que o primeiro texto publicado *por* Derrida, "Força e significação"[7], data de 1963.

* * *

O sim e o não, duas "palavrinhas" fundamentais ao pensamento derridiano, passam a se destacar nos escritos de Derrida nos anos 1960, decênio de pensamento efervescente na França e ao longo do qual o filósofo retorna de maneira incessante às diferenças dessa dupla e às questões que ela desperta. A tensão entre essas duas palavras, se se pode assim qualificar – pois, como lembra Derrida, nós talvez ainda não saibamos o que essas palavrinhas querem dizer ou como operam na língua[8] –, essa tensão, além de ser um mecanismo fundamental da desconstrução, oferece igualmente um ponto de apoio pedagógico e retórico importante a Derrida ao longo de seus primeiros anos de ensino. Desde 1959-1960, enquanto lecionava no colégio Montesquieu, em Le Mans, ele se interroga não sobre o dizer não, mas sobre o dizer nada (*rien*), juntamente com a questão da negatividade do silêncio. Em 1961-1962, por meio de outra questão de envergadura, "O que é isto, a aparência?", Derrida recorre aos mesmos filósofos em que se apoiava em "Pensar é dizer não" e se interroga em particular sobre outra forma de negatividade, a da aparência. Ele ainda retorna ao não em 1963-1964, em um curso sobre Bergson e a ideia de

7. Jacques Derrida, "Force et signification", in *Critique*, n. 193-4, jun.-jul. 1963. Republicado em *L'écriture et la différence*. Paris: Seuil, 1967, pp. 9-49.

8. *Id.*, *Ulysse gramophone*. Paris: Galilée, 1987, p. 86.

nada (*néant*), assim como em outro, intitulado "A origem da refutação", ao longo do qual retoma a negação e a origem do nada (*néant*) em Sartre. Mas Derrida volta a isso sobretudo em 1962-1963 com "Pode-se dizer sim à finitude?", curso de seis aulas em que corrige seus estudantes por terem se deixado fascinar pelo termo "finitude" em suas dissertações, a ponto de ter ocultado seu encaixe na questão do "sim", da possibilidade de "dizer sim", ou não, à finitude. A crítica do "dizer", enquanto ato da linguagem, certamente não foi excluída durante esses anos. Em 1961-1962, em um curso sobre "A intuição", Derrida diz do filósofo que ele é "talvez aquele que entendeu um certo imperativo da fala, isto é, o dever de *dizer* simultaneamente para dar sentido e se conformar ao sentido, e de fundar, por respeito ao sentido, o dever da fala em um direito à fala"[9].

Como em muitos dos seus seminários ulteriores, mas contrariamente a um bom número de cursos do mesmo período, cujos únicos traços são notas esparsas, "Pensar é dizer não" foi inteiramente redigido por Derrida antes de ser lido diante de seus alunos. Marcas de adição, rasuras e correções em uma cor de tinta diferente denotam, da mesma forma, um processo de releitura e revisão que Derrida continuará ao longo de toda a sua carreira – prática pedagógica que igualmente se observa nos momentos de improvisação assinalados por rubricas ("Comentar pacientemente"). O presente texto tem também a peculiaridade de ter sido fornecido como correção de uma dissertação dos estudantes. Derrida escreve, aliás: "Com muita frequência, em vossas dissertações, o objeto possível da negação vos fascinou e vós enumeráreis tudo aquilo a

9. *Id.*, "L'intuition". Inédito, arquivos IMEC, 1961-1962, p. 2.

que a consciência poderia dizer não."[10] Enfim, uma outra particularidade material desse curso é que ele foi redigido inteiramente à mão. A escrita[11] de Derrida, sendo notoriamente difícil de decifrar, representou um desafio editorial importante. O empreendimento que resulta hoje nesta publicação começou sem nenhuma certeza de que o texto poderia um dia ser decifrado em sua integralidade e respeitando sua integridade. Foi um processo estendido por vários anos e que necessitou de numerosas estratégias de decifração diferentes, como a utilização de programas de Scrabble, e engendrou a criação de uma base de dados que conta hoje com mais de 1500 palavras escritas à mão por Derrida. Apesar dos esforços, algumas delas permanecem, aqui e ali, ilegíveis, resistindo ao escrutínio de olhos aguerridos e atentos. Essas irredutíveis, longe de impedirem a leitura e a compreensão do texto, estão indicadas por <palavra ilegível>, na esperança de que um dia sejam elucidadas.

A presente edição foi preparada a partir de arquivos digitalizados do manuscrito original desse curso. Esse manuscrito está conservado no Fundo Jacques Derrida do *Critical Theory Archive*, da biblioteca da Universidade da Califórnia em Irvine[12], e no Fundo Derrida do IMEC.

---

10. Ver *infra*, p. 13.

11. Traduzimos *escrita* a partir do termo original *écriture*, cuja tradução para o português, no âmbito dos textos de Derrida, é discutida. Especificamente aqui se trata do sentido material do texto, a caligrafia de Derrida, mas não deixa de ressoar (inscrever-se) no problema tipicamente derridiano da *escrita* (*écriture*) como uma certa marca caligráfica imaterial, por assim dizer. Doravante traduziremos *écriture* como *escrita*, e remetemos o leitor à discussão que Carla Rodrigues apresenta em "Isso que permanece irredutível no trabalho de luto e na tarefa de tradução", in *ITER*, n. 2 (*Traduire Derrida aujourd'hui*), 2020. [N. do T.]

12. O manuscrito original se encontra na caixa 4, pasta 16, do Fundo Jacques Derrida.

As quatro aulas do texto comportam 109 páginas escritas à mão por Derrida. A estas, somam-se uma vintena de arquivos complementares nos quais figuram notas manuscritas e citações de autores que ele menciona em seu curso. Estas aparecem no fim desta obra como apêndice. Tentamos conservar a paginação original na medida do possível. Certas marcas do manuscrito (rasuras, flechas, signos gráficos de ênfase etc.) não foram incluídas nesta edição por uma questão de clareza. Em função de sua pertinência, elas são por vezes indicadas em notas de rodapé. Todo leitor advertido poderá preencher essas ausências consultando os originais no *Derrida Archive Project*, da Universidade de Princeton.

* * *

Pensar é dizer não é principalmente consagrado à desconstrução de uma frase do filósofo Alain (1868-1951). Por meio dessa fórmula provocadora, se não contundente, o que interessa a Derrida também é a firmeza radical do pensamento de Alain, antifascista convicto e pacifista. A filosofia alainiana é caracterizada por um gênero literário singular, os "*propos*"[13], fragmentos de pen-

13. *Propos* é um gênero literário e ensaístico que caracteriza uma parte importante da obra de Alain. O *propos* parte normalmente de um elemento da atualidade, assimilando elementos jornalísticos na sua composição, o que foi uma das chaves para seu sucesso de público, mas também é eivado ou intercalado de reflexões especulativas e metafísicas, por meio das quais se pode notar a preferência de Alain por Platão e Descartes, por exemplo, de quem foi frequente leitor. Como gênero, fez enorme sucesso e deu caráter público às posições de Alain, inclusive suas posições políticas – ele que sempre se caracterizou por ser pacifista e antifascista, no contexto tumultuado em que viveu. O *propos* também tem que ver com o momento político e histórico francês do começo do

samento que são simultaneamente reflexões mundanas e proposições filosóficas afiadas. Quase não há referências a Alain no *corpus* derridiano. Por outro lado, *Pensar é dizer não* também remete a numerosos autores que depois Derrida não deixará de ler e reler. Além disso, embora esse texto preceda os textos fundadores do que será chamado "desconstrução", ainda é uma *leitura derridiana* da fórmula de Alain que aqui se nos oferece. Derrida se atém a expor toda a tensão que anima essa frase e joga com as contradições do que é dito (e não dito) quando se diz não, sim, quando se diz que pensar é dizer não. A princípio, Derrida procura explicar as intenções de Alain, para então ultrapassá-las. Ao fazê-lo, ele traça a seus alunos da Sorbonne um roteiro de dissertação na qual eles tiveram que trabalhar previamente. Esse manuscrito serve então como "correção", e isso transparece quando Derrida aponta o dedo para os passos falsos dos alunos em seus trabalhos. Vê-se, pois, um exercício de método, tanto sobre a forma, que é, portanto, de ordem pedagógica, quanto sobre o fundo, por meio da mobilização de toda uma paleta de lógicos.

O sim não, longe de ser uma simples dupla binária, é apresentado como a questão fundamental, originária do ato de pensar. Pois é exatamente esta a questão de partida do curso de Derrida: o que é o pensamento? Para Alain, o que anima o pensamento, isso que o desperta, é a busca do repouso, da adequação consigo mesmo e de uma certa reconciliação com o mundo por meio da busca

---

século XX, caminhando para o final da Terceira República Francesa. Essas especificidades, e o fato de que é o próprio Alain quem nomeia os *propos*, dificultam sua tradução para simplesmente "ensaio", por exemplo. Daí a opção em manter o termo no original, a fim de preservar o conteúdo específico que Alain lhes pretendeu dar. [N. do T.]

da afirmação final, a da verdade. Buscando dizer sim, sim, isto é aquilo, o pensamento se dirigiria à sua destinação final, e, por esta, a si próprio. Ele abandonaria então sua busca, abandonar-se-ia a um sono, o da crença. O pensamento não é então pensado[14] senão no caminho rumo à verdade. Ele nasce no movimento que o conduz até lá, logo, no poder de negatividade. É por isso que Alain diz que pensar é dizer não. Desde então, a aparente oposição do sim não é revelada precisamente pela questão da origem e do primado; o sim ou o não, qual vem primeiro? A análise de Derrida é dividida em três grandes etapas. Ao longo da primeira, o filósofo concorda com Alain em sua afirmação de que todo pensamento é uma consciência. E, enquanto tal, ele é inicialmente um dever moral de busca da verdade e recusa das aparências.

Dizer não a quê? Questão secundária e derivada, segundo Derrida. A segunda etapa tende a ultrapassar a frase de Alain e a estabelecer a intransitividade fundamental do não. O não é o projeto constitutivo da consciência, e a recusa, sua forma. O objeto da negação é somente uma aparência. Na realidade, o pensamento não diz não a nada além de a si mesmo, por ter acreditado na aparência, por ter dito sim de início. Daí "negar", que é inicialmente e antes de tudo "se negar". "Não há no mundo outro combate"[15], diz Alain, que aquele do pensamento que se nega a si mesmo. Derrida explica que, antes de e para afrontar o outro, é necessário que eu afronte em mim o inimigo (é uma Guerra de Troia, pois o inimigo já

---

14. No original: "La pensée n'est donc pensée [...]." Essa homonímia do francês serve muito a propósito para Derrida explorar o modo como a diferença de sentido entre os termos se dá em outro lugar que não na materialidade que os caracteriza. [N. do T.]

15. Ver *infra*, p. 14.

está sempre lá) que me impulsiona ao sono e a crer na aparência sem exame. Se o sim "marca que há o endereçamento ao outro"[16], como nota Derrida em *Ulisse gramophone*, o não é inicialmente e sempre endereçado a si. Seja o não ao mundo, ao tirano, ao pregador; três destinatários, três figuras por intermédio das quais o espírito está em diálogo consigo; três nãos, todos antes de tudo a si.

Por fim, a última etapa, de longe a mais extensa, é aquela que conduz a "uma crítica radical da crença em geral". Ela mesma é dividida em três seções.

A primeira apresenta os pressupostos filosóficos da formulação de Alain. Derrida circunscreve a crítica radical da crença alainiana em uma filosofia voluntarista da liberdade e do juízo. Para Alain, a crença é uma atitude ingênua pela qual, mesmo que aquilo em que eu creio se revelasse verdadeiro, meu pensamento estaria errado. Com efeito, o pensamento somente é pensado em um movimento livre em direção à verdade. Sobre esse ponto, Derrida, sendo ele próprio (desde sempre), não perde a oportunidade de se interrogar sobre sua própria posição de educador:

> É por isso que o ensino é algo tão difícil. Ele seria muito fácil, e não seria nada, se sua tarefa fosse apenas transmitir a verdade. É necessário também que ele ensine a pensar, que é diferente de uma técnica da verdade; e, uma vez que a verdade está no fim de uma técnica, bem, já se é vítima dessas duas falsificações do pensamento, aparentemente distantes e mesmo contraditórias, mas cuja afinidade é sem dúvida profunda: a sofística e o dogmatismo.[17]

---

16. Jacques Derrida, *Ulysse gramophone*, *op. cit.*, p. 127.
17. Ver *infra*, p. 26.

Toda a radicalidade da filosofia de Alain é exposta tendo em vista o fato de que há de se recusar a ideia de prova como instrumento técnico da verdade, pois, a partir do momento em que dizemos sim, paramos de pensar e começamos a acreditar. Seria necessário destruir incessantemente a prova como residência tranquilizadora e protetora da verdade. Para Alain, a verdade não deve ser um tesouro, um segredo a ser protegido. Não deve ser paralisada; ela recomeça incessantemente. Derrida conclui que o ultrarradicalismo da dúvida de Alain talvez teria sido reprovado pelo seu mestre Descartes. No lugar em que a dúvida metódica deste último tinha por fim a verdade, a de Alain é infinita. E Derrida afirma que Alain seria mais cartesiano que o próprio Descartes. Entretanto, longe de ver aí um simples traumatismo de repetições, Derrida define essa busca sem fim como uma tomada de consciência de que a dúvida tem um valor em si e de que é a própria salvação do pensamento, mais que seu instrumento. Essa ocasião nos permite ler um momento da escrita[18] derridiana cuja forma se tornará típica de seu autor e que fará, sem nenhuma dúvida, tremer seus tradutores:

> Ora, o próprio da incredulidade, para Alain, é que, quando ela mostra seu potencial (*donne sa mesure*), a incredulidade não tem mais medida. Ela é sem medida, *imensurável, imoderada*. E é pela medida dessa desmesura que se mede a verdade. Não há verdade senão na medida da incredulidade. É o que explica substancialmente esse texto em que a fidelidade ao espírito cartesiano me parece ser uma infidelidade ao espírito de Descartes.[19]

---

18. Ver nota 11. [N. do T.]
19. Ver *infra*, p. 29.

Para dizer não, é necessário querer, lembra Derrida. E essa vontade decorre de uma afirmação, aquela que diz sim ao valor e à própria vontade de verdade. É necessário, pois, crer antes de qualquer coisa. Em outros termos, o pensamento, para ter certeza de ser pensado, seguro de ser ele mesmo, diz sim antes de poder dizer não.

Em uma segunda seção, Derrida vai além da formulação de Alain. Aqui, traçando os limites da reflexão alainiana, ele utiliza mecanismos de uma escrita desconstrutiva por vir, em que esse "sim" diz não, abandonando seu hábito de ingenuidade crédula para tomar o da fé. Derrida nota, além disso, que dizer sim é começar a falar, e que esse ato de linguagem está em desacordo com uma crença qualquer ingênua e pré-objetiva do ser. Para Alain, se o não abre o espaço da axiologia, o sim da fé funda esse mesmo espaço. Derrida realiza, assim, um exame rigoroso do sentido e do valor desse sim axiológico da fé.

Enfim, a última seção expõe o alcance geral de todas essas reflexões, levando o leitor à dupla questão da origem da negação e da anterioridade da afirmação axiológica. Depois de uma breve retomada da história da negação, de Platão a Hegel, passando por Kant e um tanto de lógicos, Derrida detém-se sobre a questão do nada (*néant*) via Bergson para reafirmar, notadamente, a impossível simetria entre o sim e o não. E é confrontando Husserl ao bergsonismo que ele vai demonstrar que, mesmo com o sim vindo antes do não, há, entretanto, sempre a negação possível antes do juízo e da linguagem. Concedendo a Sartre uma das análises mais aguçadas sobre a origem da negação, Derrida se interessa pelas censuras que aquele faz a Husserl a respeito do assunto. Essa abordagem geral conclui-se finalmente com uma referência a Heidegger e a uma certa diferença ôntico-ontológica que permitiria "entender verdadeiramente Alain quando ele diz que 'pensar é dizer não'"[20].

Compreende-se rápido, com a leitura desse texto, que Derrida vê inicialmente na formulação de Alain a oportunidade de pôr em cena uma dupla cuja diferença ultrapassa a de um simples par binário. Aliás, Derrida lembra que o não decerto não é simétrico ao "sim"[21]. Essas duas palavrinhas são talvez mais próximas de um outro par, no qual Derrida se concentrará uns dez anos mais tarde, o da vida/morte, preocupando-se igualmente em sublinhar a diferencialidade desse par de palavras por meio de uma lógica sem oposição da *différance*[22]. *Pensar é dizer não*, além do que esse texto exibe das marcas de uma escrita desconstrutiva precedendo a publicação de seus textos fundadores, mostra que a questão do "sim não" parece ter sido sempre fundamental ao pensamento derridiano. Seu interesse ganha talvez toda a sua amplitude hoje, uma época em que é frequentemente difícil estabelecer, ou dizer, a diferença entre pensamento e crença.

* * *

Fazemos questão de exprimir toda a nossa gratidão àquelas e àqueles que permitiram o nascimento desta obra. Agradecemos particularmente a Katie Chenoweth por sua ajuda e seus conselhos preciosos ao longo desse pro-

20. Ver *infra*, p. 84.

21. Jacques Derrida, *Ulysse gramophone*, *op. cit.*, p. 86.

22. Optamos por manter no original o termo *différance*. Sobre as discussões em torno desse termo e suas traduções, ver: Carla Rodrigues, "Isso que permanece irredutível no trabalho do luto e na tarefa da tradução", *op. cit.* [N. do T.]

cesso, a Geoffrey Bennington por suas atentas sugestões, a Peggy Kamuf por seus encorajamentos desde o primeiro momento e a François Bordes, que respondeu graciosamente às nossas demandas de informações. Mas somos sobretudo gratos a Pierre Alferi e Jean Derrida por seu apoio e sua confiança neste projeto.

Brieuc Gérard

PENSAR É DIZER NÃO

UNIVERSITÉ DE PARIS

FACULTÉ DES LETTRES
ET SCIENCES HUMAINES

HISTOIRE DE LA COLONISATION

17, RUE DE LA SORBONNE
PARIS (5e)

LE 19

Penser, c'est dire non :
Alain (L.P. 1924. P.R. 203.).

Introduction (rappeler le schéma classique). (Je serai [illegible] [illegible] ; [illegible] [illegible] [illegible] [illegible] [illegible] [illegible] [illegible])

Il y a 2 façons de poser la question : qu'est-ce que la pensée ?

-1- On peut le faire de façon traditionnelle, c'est-à-dire essentialiste ou même substantialiste ; ce qui revient à se demander : quel est l'être-vrai de la pensée qui se cache derrière les divers phénomènes, manifestations, modalités, les divers types d'actes qui n'ont pas un rapport avec la pensée. Est-ce que parmi ces types d'actes certains ~~[illegible]~~ ne [illegible] privilégiés à l'essence de la pensée, est-ce que certains ne la traduisent, ne révèlent pas plus fidèlement la pensée que d'autres, est-ce que certains ~~[illegible]~~ ne l'atteignent pas plus authentiquement, c'est-à-dire dans la [illegible] même substantielle – l'atteignent si bien qu'ils seraient [illegible] – pour employer un langage essentiel, du moins l'activité originale !

-2. On peut au contraire poser la question : qu'est-ce que la pensée ? d'une manière antisubstantialiste – la pensée ne serait plus, ce [illegible] [illegible] [illegible] [illegible] [illegible] [illegible] comme un secret qui contiendrait l'intériorité de ses manifestations, ses [illegible] ~~[illegible]~~ ses modes et ses actes. ~~[illegible]~~ que ~~[illegible]~~ [illegible] qui [illegible] de la pensée « mythe des profondeurs » [illegible] ~~[illegible]~~ de [illegible], c'est [illegible] « impression des profondeurs » [illegible] donnant les [illegible] [illegible] [illegible] et [illegible],

[20]

PRIMEIRA AULA

"Pensar é dizer não."[1]

ALAIN (L. P. 1924. P. R. 203)[2]

Introdução (lembrar do esquema clássico). (Serei necessariamente mais longo, tentar dizer o máximo de coisas possível. Tentarei respeitar <as> proporções[3].)

Há *dois modos* de colocar a questão: *o que é o pensamento?*

– 1 – Pode-se o fazer de modo tradicional, isto é, *essencialista* ou mesmo *substancialista*: o que equivale a se perguntar: qual é *o ser-verdadeiro* do pensamento que se *esconde* por trás dos diversos fenômenos, manifestações,

---

1. O conjunto completo do texto manuscrito foi escrito em papel de carta timbrado: "Universidade de Paris/Faculdade de Letras e Ciências Humanas/História da Colonização/Rua da Sorbonne, 17, Paris (5º)".

2. Alain, *Philosophie. Textes choisis pour les classes*. Ed. Antoinette Drevet. Paris: PUF, 1957, vol. 1, p. 274. "L. P." refere-se à revista *Libres Propos*, publicada por Michel Alexandre de 1921 a 1924 e 1927 a 1935. Alain publicou nessa revista inúmeros de seus *Propos*. "P. R." refere-se à coletânea de textos de Alain *Propos sur la religion: éléments d'éthique politique*. Paris: Éditions Rieder/PUF, 1938.

3. Na entrelinha, há uma anotação a lápis: "2 pontos de partida (pensar sim não)".

modalidades, os diversos tipos de atos de pensamento? Entre esses tipos de atos, não haveria alguns que têm uma relação *privilegiada* com a experiência do pensamento, alguns que revelariam mais fielmente o pensamento do que outros, alguns que *o traduziriam mais autenticamente*, isto é, sem o traduzir? Tanto que eles seriam, se não – para empregar uma linguagem ainda substancialista – *o atributo essencial*, pelo menos *a atividade original do pensamento.*

– 2 – Pode-se, ao contrário, chegar (alcançar) <à> questão: *o que é o pensamento?* Em um estilo mais moderno, isto é, antissubstancialista[4], o pensamento não seria mais um segredo que esconderia a intimidade de sua "quididade" por trás de suas manifestações, atributos, palavras ou atos. Recusar-se-ia aqui, a propósito do pensamento, esse *mito das profundezas* denunciado por gente como *Sartre* e *Valéry*, essa *"impressão de profundidade"* da qual Bachelard diz ser uma *"impressão de superfície"*. O pensamento seria somente, então, a *totalidade de seus fenômenos*, a *totalidade de suas manifestações*, isto é – uma vez que o pensamento só é o que ele *se* faz –, a *totalidade de seus atos*. Mas se ele é a totalidade de *seus* atos é porque ele *se* manifesta; e assim, sem ser outra coisa senão seus atos, talvez seja mais *ele próprio* em certos atos do que em outros, ou ainda, para ser a totalidade de seus atos, uma vez que são atos *do* pensamento, eles dependem de uma *atividade fundamental e autêntica*[5]. Vejam que o pretenso mito *substancialista*[6] não é fácil de conjurar. Ele

4. Na entrelinha, há uma anotação: "+ fenomenologicamente".

5. No manuscrito, há uma marca de anotação indicada por "↔". Em geral, esse símbolo é utilizado por Derrida como um aviso para ele comentar oralmente o que precedeu a anotação.

6. No manuscrito, as palavras "essencialista ou" aparecem rasuradas antes da palavra "substancialista".

finalmente se impõe desde que se queira dizer com seriedade *"isto ou aquilo"* ou que coloquemos a questão: *o que é alguma coisa?*

Fenomenologia. Ontologia. As duas vias então se reencontram: é necessário se perguntar se certos atos remetem a uma atividade ou a uma atitude fundamental e essencial do pensamento.

Pode parecer inicialmente que, na medida em que pensar é procurar apreender a *verdade* e dizer *"o que é?", isto é aquilo,* pode parecer que o pensamento esteja em busca de uma *afirmação* final, de uma *aprovação* dada ao verdadeiro[7]; pode, pois, parecer que o pensamento só é ele próprio, isto é, *em conformidade consigo mesmo,* quando ele se aprova, isto é, quando ele diz *sim, isto é aquilo,* sim, *as coisas são assim mesmo,* isso que se subentende, sim, você tem razão, sim, você pensa bem em pensar assim[8]. Se o pensamento parece não ser senão *inquietude, discordante de si e do mundo,* isso que não é senão uma *aparência,* é porque ele se movimenta em direção ao que procura, a saber, o repouso, o acordo consigo e a reconciliação com o mundo, isto é, o sim a si e ao mundo. Ora, não se pode imaginar que alguma coisa seja sua própria discórdia, ou sua própria discordância, seu próprio desacordo consigo, sua própria desordem[9]. Ser alguma coisa, isso supõe também certo repouso de si, certa paz da essência com a existência, certo sim de si a si e de si ao

---

7. No manuscrito, há uma marca de comentário: "↔".

8. Uma flecha introduz aqui as seguintes palavras: "['É-seja': sublinhado e riscado]. Seja (valor) suposto por ['Há um *seja* em toda afirmação indicativa': riscado] toda enunciação indicativa é isto ou aquilo. Aprovação normativa imanente à afirmação indicativa (e mesmo à enunciação negativa)."

9. No manuscrito, há um início de frase rasurada: "O pensamento, se ele é alguma coisa, ele é."

mundo[10]. Ora, como não seria o pensamento, que entre os seres é o único que tem o privilégio de poder *dizer* esse *sim*, esse completo desejo de dizer sim, essa vontade de afirmação de si e do mundo que o confirmaria em sua essência?

Assim, nesse caso, todos os *"sins"*, os atos do pensamento que têm força e forma de afirmação, de aquiescência, de aprovação, de aceitação revelariam *por privilégio* e *por excelência* a essência de um pensamento que está sempre em busca de uma verdade de si e do mundo na qual repousar e concluir seu movimento em busca de uma certeza ou de uma evidência à qual ele deve, como se diz, *"se render"* (*se rendre*).

Mas "se render" é "depor as armas" (*rendre les armes*) (polêmica → aparências...); não é, pois, abdicar, não é se despojar e renunciar? – No momento em que o pensamento diz "sim"[11], ele não negaria a si mesmo, não se renegaria, não diria não a si próprio precisamente porque esse *sim* marca a passagem do despertar crítico, da desconfiança vigilante da sentinela[12], que é a marca de todo pensamento vivo, vivaz, em relação à passividade da crença, que supõe sempre um fundo de credulidade e ingenuidade. Seria no *sim* que o pensamento, tendo alcançado seu fim, não *se abandonaria,* no sentido de que se abandonar é simultaneamente se entregar à inércia preguiçosa e incontrolável do sono, e se deixar, se separar de sua identidade, tornar-se estrangeiro a si mesmo? Sem dúvida o *sim*, a aprovação, a afirmação, a aceitação são

10. No manuscrito, há um início de frase rasurada: "É, pois, na afirmação."

11. No manuscrito, há a seguinte anotação na margem superior: "Foge à mais forçosa evidência."

12. No manuscrito, as palavras "da sentinela" substituem as palavras riscadas "à crença".

o fim do pensamento, o fim no sentido de *telos*, no sentido de um polo ideal, de finalidade; sem dúvida o pensamento se realiza no *sim*, mas o fim no sentido de *telos* é também o fim no sentido de termo e de limite. Quando ele diz "*sim*", o pensamento *enfim* se detém; ele é limitado, ele cessa de ser, como pensamento[13].

Sem dúvida o pensamento quer *ir* (*se rendre*) *à verdade*; mas ele não é ele mesmo senão quando vai (*se rend*) à verdade no sentido de que "*se rendre à*" é *ir em direção a*, isto é, estar a caminho de vencer os obstáculos, denunciar suas covardias e suas preguiças, renegar sua inércia, refutar livremente as miragens e as fantasias, negar a todo peso o direito de me fazer dizer *sim* apressadamente; estar a caminho da verdade é, pois, afirmar minha liberdade <ilegível>[14] poder de dizer não. Estar a caminho da verdade é dizer não à aparência. Mas pensar não é "ir à" (*se rendre*) verdade no sentido de que se render é se submeter, se perder e, no momento de dizer *sim*, transmitir seus poderes ao impostor. Nesse caso, o pensamento seria realmente ele próprio, puramente ele próprio; nesse momento em que ele se nega, nascido dessa essência de negatividade, desse poder fundamental de negatividade, a afirmação seria apenas um momento passageiro, eu diria mesmo um *acidente*, no sentido simultâneo de *não essencial* (oposição entre o acidente e a essência) e no sentido da *queda*, ou mesmo do pecado contra o pensamento. Quando o pensamento diz *sim* a isto ou aquilo, e falta a sua destinação final, ele cai e degenera. O sim seria literalmente um *lapsus* do pensamento.

---

13. No manuscrito, há aqui um início de frase riscada: "Nesse caso *a afirmação*, longe", seguido de outro início de frase rasurada introduzindo o parágrafo seguinte: "Pensar seria, portanto, dizer não."

14. No manuscrito, há uma ou mais palavras ilegíveis que talvez sejam "isto é, meu".

É por isso que Alain diz: "Pensar é dizer não."

1. O que justifica, para Alain, uma tal proposição? Pode-se tomá-la ao pé da letra e aceitar a filosofia que sustenta essa proposição?

2. O que é dizer não? Qual o sentido e a origem do "dizer não", da negação?

* * *

I – (Lembrar sentido e necessidade desse primeiro desenvolvimento) texto ou pretexto...

O que Alain quis dizer?[15]

Descrevendo o movimento autêntico do pensamento como movimento de negação, Alain quis lembrar-nos de que todo pensamento é uma *consciência,* isso que[16], erroneamente, poderia parecer <ilegível>[17] ser apenas uma trivialidade banal. Pois há formas de pensamento de que Alain desconfia e que refuta ainda mais violentamente do que os simples não pensamentos, isto é, as paixões e os reflexos, que traem ainda mais o pensamento verdadeiro na medida em que se passam por pensamento puro. É precisamente tudo isso que se pode classificar sob a rubrica de *"ciência sem consciência"* – é o saber daquele que se perde no que sabe, porque, não sabendo que sabe, ele perde toda a *liberdade* em relação à ciência. Frequentemente, essa é a característica particular de todo

15. No manuscrito, há uma anotação na forma de uma série de palavras: "justificativa / 3 etapas – necessita aprofundamentos cruzados → crítica".

16. No manuscrito, as seguintes palavras estão riscadas: "parece erroneamente uma trivialidade rasa".

17. No manuscrito, há uma palavra ilegível que talvez seja "intuitivo".

pensamento puramente científico e técnico, característica que Alain denuncia de modo incansável.

Ora, em que "Pensar é dizer não" nos lembra[18] da *consciência,* isto é, do *despertar* e da *vigilância*? Escutemos Alain: "*Pensar é dizer não. Observem que o signo do sim é de um homem que dorme; ao contrário, o despertar sacode a cabeça e diz não.*"[19] Dizer *sim* é inclinar a cabeça em direção ao sono e à servidão do pensamento → tudo que ele não é, e de pronto o corpo; é deixar de prestar atenção. A aprovação é uma sonolência do pensamento que, a partir do momento em que ele *consentiu,* não é mais *senhor* dele próprio, transmitiu seus poderes. Ele se *sujeitou,* encontrou um *senhor.* É por isso que Alain se serve dessa imagem sob o duplo plano da psicologia da consciência, psicologia da vigília e do sono e da teoria política. Com efeito, é retomando o velho tema platônico da analogia estrutural entre a alma, o corpo humano e a cidade que Alain pode também dizer: "Tão logo a cabeça humana retoma seu antigo movimento de cima para baixo para dizer sim, os reis retornam."[20]

Isso é falar que, quando o pensamento diz *sim,* ele se aliena, aliena a responsabilidade e sua vontade em proveito de um *outro,* isto é, fatalmente de um não pensamento. Ora, todo pensamento, para assim o ser, deve ser responsável por si mesmo, instituir-se único juiz e ser senhor de seus domínios. Ele deve fazer-se a própria lei. Seu único regime político[21] é a *autonomia,* ou a *autocracia.*

---

18. No manuscrito, há duas palavras rasuradas: "a ciência".

19. Alain, *Philosophie. Textes choisis pour les classes, op. cit.,* p. 274. No manuscrito, a citação é seguida de uma frase rasurada: "Dizer não é, então, acordar ou despertar."

20. *Ibid.,* p. 278.

21. Na entrelinha, há uma anotação: "na cidade dos homens ou na cidade <palavra ilegível que talvez seja 'intelectual'>".

"A função de pensar absolutamente não se delega"[22], diz igualmente Alain (L. P. 1931. Min.[23] 301).

Essa autonomia ou essa autocracia não são, aos olhos de Alain, aliás, contraditórias com uma democracia, desde que tais noções sejam bem compreendidas.

Eis por que o *sim* é de um homem que dorme, que descansa. Notem, de passagem, que a imagem de Alain [do movimento da cabeça] está ligada a uma certa civilização ou a uma certa cultura do corpo. Ela não teria nenhum sentido em uma cultura diferente – do Extremo Oriente, por exemplo, em que o gesto do *não* é nosso gesto de aprovação. É por isso que se trata aqui mais de uma imagem, de uma ilustração, que de uma prova. Mesmo no Ocidente, não se adormece necessariamente deixando cair a cabeça de cima para baixo, mas também da esquerda para direita ou da direita para esquerda, como que para dizer não – o que nos poderia incitar, se quiséssemos disputar em termos de *ilusão* com Alain, a mostrar que um certo *não mecânico* conduziria seguramente do mesmo modo ao sono, como se começássemos a contar carneirinhos na imaginação.

– "Ao contrário, o despertar sacode a cabeça e diz não."

O retorno à consciência é um não (ao corpo, às aparências oníricas, à passividade, não "ao si que dorme"). A consciência nasce simultaneamente com a *recusa*. Assim, a recusa é *congênita*, logo, *consubstancial* à consciência. A consciência é uma *negatividade*. Ela não *chega* a dizer não a este ou àquele momento de sua história. O "não" não lhe surge, a consciência vem a si própria pelo

22. Alain, *Philosophie. Textes choisis pour les classes*, *op. cit.*, pp. 277-8.
23. "Min." refere-se ao texto de Alain *Minerve ou De la sagesse*.

não. Ela é o *não* por *natureza*, isto é, por origem. O não é sua certidão de nascimento, ou de renascimento (se se trata de despertar).

(Sobre essa negatividade essencial da consciência, *cf.* Schelling e Sartre, mas não é oportuno neste desenvolvimento.)

Notem que o despertar ao qual Alain se refere é[24] o despertar em *sobressalto*, que se faz sem passagem contínua nem transição suave entre o sono do corpo e o despertar da consciência – é que a consciência é um *sobressalto*; ela é uma ruptura com o corpo. Como veremos, é um dualismo de tipo cartesiano, ainda mais preciso do que aquele de Descartes que inspira Alain com frequência e aqui mais particularmente. Entre a consciência e o corpo, a desconfiança deve ser a regra, e a coabitação polêmica. A vigília e, singularmente, o despertar constituem um sobressalto porque são uma *surpresa* ao corpo pelo pensamento, que dele se escapa *à força* (*effraction*), e não por sujeição do corpo em repouso.

Essa identificação do pensamento a uma consciência sob a espécie de um *não* fundamental nos permite compreender um tema muito caro a Alain, a saber, *a identidade fundamental da consciência psicológica e da consciência moral*. Se não há consciência psicológica sem consciência moral, e esta é pressuposta pela primeira, é porque a consciência em geral é recusa. Ora, o que é a recusa senão a resistência a isso que é?[25]

Resistir a isso que é, é inicialmente opor o que deve ser a isso que é. A recusa é, pois, em sua essência, moral.

---

24. No manuscrito, há algumas palavras riscadas : "alguma coisa como".

25. No manuscrito, as seguintes palavras estão riscadas: "Resistência a isso que é, ao que nós".

Logo, na medida em que toda consciência é essa recusa primordial disso que é, toda consciência é, de início, moral. O fenômeno mais elementar da vigília, o mais larval, supõe essa vontade de resistência à passividade, à magia da aparência, aos determinismos do corpo etc. Vontade de resistência que é uma certa *coragem*, um certo *ato de dever* e uma *experiência moral*[26]. Pelo *não*, a consciência abre o espaço que separa o ser do valor. A consciência *não se torna* moral pela inteligência ou pela participação numa moral constituída; ela está no dever e, portanto, no *não*, indissociáveis como em seu elemento. Eis o texto de Alain (*Histoire de mes pensées* [História de meus pensamentos], p. 77):

> Os profissionais distinguem consciência psicológica de consciência moral. Sobre o que eu notaria, de início, que a palavra psicológica não é do Patrimônio, e que é muito inútil se ocupar dela. Mas uma outra observação deveria me levar mais longe [...]. Toda consciência é de ordem moral, uma vez que ela opõe sempre isso que deveria ser a isso que é. E, mesmo na percepção mais simples, o que nos desperta do costume é sempre um tipo de choque [*cf.* sobressalto... traumatismo, heroísmo] e uma enérgica resistência ao simples fato. Todo conhecimento [...] começa e continua por *recusas indignadas,* em nome da própria honra de pensar.[27]

Eis[28], pois, nosso primeiro tema: pensamento = consciência.

---

26. No manuscrito, há uma anotação: "eu inauguro a moralidade na negação". Essa anotação é seguida de uma marca complementar: "↔".

27. Alain, *Histoire de mes pensées*. 13ª ed. Paris: Gallimard, NRF, 1936, p. 77. Derrida sublinha, anota e omite algumas palavras da citação original.

28. No manuscrito, há uma anotação a lápis: "*transição a desenvolver*".

Pensar é dizer não porque pensar é estar desperto, porque pensar é ser consciente; ora, ser consciente é estar presente a si mesmo. Negar é um verbo que não tem verdadeiro objeto direto – ou, antes, seu objeto direto é sempre um sujeito: como isso?

Mas, então, como a "negatividade" pode ter a forma da presença a si mesmo? Como o *não* pode ser *consciência,* isto é, consciência de si consigo, manutenção do pensamento com ele próprio?

É que para Alain, segundo tema, há...

Intransitividade fundamental do não.

Pensar é dizer não. *Não a quê?*, pergunta-se, então, Alain.

A princípio, eu gostaria de sublinhar o caráter relativamente secundário e derivado dessa questão do "a quê". Com muita frequência, em vossas dissertações[29], o objeto possível da negação vos fascinou e vós enumeráreis tudo aquilo a que a consciência poderia dizer não. Ora, o que importa – e a Alain em primeiro lugar –, o que é interessante, filosoficamente, não é que o pensamento recuse *isto* ou *aquilo,* isto de preferência àquilo; é que ele seja a *recusa de si próprio*[30], e que seja em si mesmo recusa. É que o "não" não seja uma ordem ou uma regra ou uma norma, um imperativo dado[31] à consciência por ocasião de tal ou tal *objeto;* o que importa é que esse *não,* antes de

29. "*Trop souvent, dans vos dissertations*", lembrando que Derrida se dirige a estudantes, que mantém, por isso, uma série de marcas orais no texto e que tem como tema subsidiário das aulas as indicações para correção das dissertações desses estudantes. [N. do T.]

30. Na entrelinha, há uma anotação: "(recusa ≠ atributo da consciência. Toda recusa passa pela consciência)".

31. No manuscrito, há uma palavra rasurada que talvez seja "naturalmente".

tropeçar em tal ou tal objeto, seja o próprio *projeto* da consciência. Ele não é uma espécie de refutação exterior e acidental; é *constitutivo* da consciência.

Isso é tão verdadeiro que Alain, depois de ter fingido responder à questão "a quê?", completa afirmando que o objeto da negação é somente uma aparência, um desvio ou um pretexto aparente. Na realidade, o pensamento nunca diz não a nada. Ele só diz não a si próprio. E não nega em aparência nada que não *se* negue a princípio *em realidade,* como esse que inicialmente acreditou na aparência, esse que inicialmente disse sim. É por isso que eu dizia há pouco que o objeto direto da negação era sempre, em primeiro lugar, o próprio sujeito da negação. *Negar é um verbo reflexivo*[32], ou seja, em primeiro lugar um "negar-se". Eis o que diz Alain: "Não a quê? Ao *mundo,* ao *tirano,* ao *pregador*? Isso é apenas a aparência. Em todos esses casos, é a si mesmo que o pensamento diz *não.* Ele rompe a feliz *aquiescência* [quietude e inquietude. Felicidade do sono]. Ele se separa de si mesmo. Ele combate a si mesmo. *Não há no mundo outro combate.*"[33]

Antes de retomar os três *nãos*[34] aparentes do pensamento ao *mundo,* ao *tirano,* ao *pregador,* antes de mostrar que o diálogo com o *mundo,* com o *tirano* e com o *pregador* é sempre *precedido e mediado* de algum modo por um diálogo consigo, ele insiste, pois, certamente sobre a significação *agnóstica* e *polêmica* desse diálogo consigo: "[O pensamento] se separa de si mesmo. Ele combate a si

32. Na entrelinha, há uma anotação: "Pensamento = consciência, mas consciência *refletida*, reflexão e recusa."

33. Alain, *Philosophie. Textes choisis pour les classes, op. cit.*, pp. 274-5. Derrida anota e sublinha.

34. Tal como no manuscrito. [N. do T.: No original, Derrida escreve "*nons*", embora a palavra seja invariável no francês quando substantivada, diferentemente do que ocorre no português.]

mesmo. Não há no mundo outro combate." Por que não há no mundo outro combate? Porque *antes* de afrontar o outro e *para* afrontar o outro – sob todas as formas, o outro, o mundo, o tirano, o pregador, ou mesmo o amigo – é necessário que eu afronte em mim um inimigo interno, um derrotista da interioridade, que me sopra o sono, que me aconselha à fuga, que me leva a ceder, a me deixar vencer ou a ser convencido sem me examinar, sem perigo. O espírito só pode então entregar Guerras[35] de Troia, porque seu inimigo já está sempre a postos, porque o espírito não pode combater senão o espírito e não pode se deixar vencer senão por ele. Transposição do tema hegeliano, em um registro[36] completamente diferente, segundo o qual a guerra nunca é possível a não ser entre consciências e supõe já uma primeira interiorização do outro em mim. Não há guerra na natureza. Consciência e autocontestação.

– O *mundo,* o *tirano,* o *pregador* não são, pois, senão as três figuras segundo as quais o espírito é mediado por si próprio, seja para se sujeitar, seja para se liberar, em todo caso para constituir em si mesmo um interlocutor em um diálogo consigo.

1. *Em que o não ao mundo é não a si?*

Bem, nisso que toda percepção, tão elementar, tão natural, tão pré-científica que seja, é já *crítica da aparência.* Para ver alguma coisa, é necessário que eu me abstenha de uma certa aderência ou adesão ao fenômeno, é necessário que eu conteste o fenômeno, solicite-o,

---

35. No manuscrito, "batalhas" está rasurado e substituído por "guerras".

36. No manuscrito, "espírito" está rasurado e substituído por "registro".

questione-o sobre isso que ele é para podê-lo conhecer ou reconhecer[37].

"O que eu vejo abrindo os olhos? O que eu veria se devesse crer em tudo? Na verdade, um tipo de heterogeneidade (*bariolage*), como uma tapeçaria incompreensível."[38] Em tudo crer, logo, dizer *sim* a tudo, é escolher não ver nada. No fundo, a *epoché*, essa suspensão do juízo que os céticos foram os primeiros a evidenciar, do mesmo modo que a *skepsis*, a qual quer dizer atenção *visual* antes de significar *dúvida*, essa *epoché* e essa *skepsis*, antes de serem revoluções filosóficas, são as condições indispensáveis de toda percepção. Para ver alguma coisa, é necessário todo um trabalho implícito de seleções, de críticas, de questões[39]. E é ao me coagir, ao coagir a inércia beata de minha intuição – que Kant já dizia ser, sem o entendimento, *cega* – que eu poderia verdadeiramente perceber o mundo[40].

Alain:

> Pois[41] é me interrogando sobre cada coisa que eu a vejo. Essa sentinela que segura a luminária em sua mão é um homem que diz não [ele examina[42]]. Aqueles que estavam nos observatórios de guerra durante longos dias

37. No manuscrito, há uma anotação complementando o parágrafo: "é necessário que eu lhe diga não, mas é à minha crença que eu digo não".

38. Alain, *Philosophie. Textes choisis pour les classes*, *op. cit.*, p. 275.

39. No manuscrito, o início da frase seguinte está riscado: "E essas questões, é inicialmente a mim que eu as coloco, a mim que confundiria espontaneamente."

40. Na entrelinha, há uma anotação de três palavras sublinhadas, depois rasuradas: "πίστις [fé/crença] e caverna".

41. Na citação original, Alain escreve: "Mas é me interrogando [...]."

42. No manuscrito, há uma marca de comentário: "↔".

> sempre aprenderam a ver ao dizer não. E há séculos os astrônomos sempre afastam de nós a Lua, o Sol e as estrelas ao dizer não. Observem que na primeira apresentação de toda a existência tudo era verdadeiro. Essa presença do mundo jamais engana. O Sol não parece maior que a Lua; também não deve parecer outro, segundo sua distância e sua grandeza. E o Sol se levanta a Leste também para o astrônomo; é que ele deve parecer assim graças ao movimento da Terra, da qual somos passageiros. Mas também é *nossa* tarefa pôr cada coisa em seu lugar e distância. É pois a *mim mesmo* que eu digo *não*.[43]

Para perceber, é necessário, pois, estar *vigilante* (imagens invertidas na água). A consciência espontânea[44] é *fenomênica* e *quixotesca*: ela *crê* que as coisas são tais como lhe aparecem inicialmente. E, se ela não se interroga, se não se *desprende* dessa primeira adesão, se não decepciona essa primeira adesão ao mundo, ela perceberá somente seus fantasmas, isto é, *nada*. A imaginação sobrepujará o entendimento. Querer se dizer não, é validar o fato de que toda percepção é, no fundo, possibilidade de *decepção*, como toda interrogação é, no fundo, possibilidade de *negação*. Por isso, para Alain, pelo menos, é-se sempre responsável por suas ilusões e por seus erros. Não se é responsável por ter visto gigantes. É-se responsável por ter cedido a essa aparência, por ter *opinado*, por ter *julgado* dizendo: *sim*, esses são gigantes. O senso comum denuncia bem essa responsabilidade, essa culpabilidade no erro quando ele diz que nós nos *enganamos*. É a si que se engana por um certo ato de vontade, ao opinar prematuramente em relação à sua impressão e à sua crença. O

---

43. Alain, *Philosophie. Textes choisis pour les classes*, *op. cit.*, p. 275. Derrida anota e sublinha.

44. Na entrelinha, há duas palavras anotadas: "afirmação, crédula".

erro é inicialmente uma falta, um pecado contra o pensamento, e supõe uma malignidade da vontade. Aquele que erra nunca é inocente. Ele poderia ter dito não.

Essa análise é certamente solidária de um voluntarismo e de uma filosofia do juízo, e mesmo, sobre esse ponto preciso, de uma filosofia cartesiana do juízo, uma vez que Descartes de fato valoriza o papel da vontade no juízo. Julgar é, por um ato de vontade, opinar sobre, dizer sim a uma percepção de nosso entendimento. O entendimento percebe uma ideia, mas não tem em si mesmo o poder de julgar. É a vontade que, por um ato, converte a percepção em juízo e nos permite afirmar *"isto é aquilo"*, a ideia é verdadeira. Consequentemente, também para Descartes, já é a vontade que é responsável pelo erro, isto é, pela opinião falsa; sendo infinita, ela sempre ultrapassa o entendimento, que é finito; ela pode assim se precipitar e opinar sobre isso que o entendimento não vê bem[45].

Isso é pelo *não ao mundo*, que é inicialmente *não a si*. É fácil inferir a partir daí o que podem ser os nãos a si, sob a forma do *não ao tirano* e do *não ao pregador.*

2. *O tirano*. "O que faz com que o tirano seja meu mestre", diz Alain no mesmo texto, "é que eu respeito em vez de examinar."[46]

Para que a tirania seja possível, e consequentemente a servidão, é necessário que eu tenha dito *sim* e que tenha deixado de criticar. Mas aqui ainda é de um *sim a si, "ao si que dorme"*, que se trata inicialmente, uma vez que, se eu persisto em recusar, a tirania permanecerá

45. No manuscrito, há, no fim do parágrafo, uma marca de comentário: "↔".

46. Alain, *Philosophie. Textes choisis pour les classes, op. cit.*, p. 275. Derrida anota.

exterior, será servidão do corpo, isto é, liberdade de espírito. Sou eu quem, graças à liberdade de meu espírito, regularia sempre a potência do tirano. O tirano tem necessidade de meu *sim* para fazer de mim seu escravo. Aqui, ainda, como em Hegel, em um certo momento, o mestre que tem a necessidade do assentimento e do reconhecimento do escravo torna-se escravo do escravo ao mesmo tempo que o escravo torna-se mestre do mestre. Tema estoico e cartesiano...

Essa teoria da tirania ainda é válida aqui, como em Platão, tanto como teoria da tirania política quanto como teoria de uma tirania psicológica da alma subserviente à paixão.

Desenvolvimento <ilegível> cartesiano.

3. Finalmente, o *não a si* como *não ao pregador.*

O pregador não é um mestre de erro, é um mestre de crença. O *dogma* é por essência e por etimologia isso em que se *crê*, o objeto de uma *doxa*. Ora, doxa é simultaneamente crença e *opinião*, no sentido de que opinar é dizer sim. O dogma é isso a que se diz sim sem discutir (porque ele é a autoridade), logo, sem pensar, uma vez que pensar é examinar, contestar a autoridade – *pesar*, também diz Alain, referindo-se à origem da palavra.

Ora, o pregador é aquele que evoca sòmente argumentos de autoridade. É aquele que quer ensinar a religião pela crença no dogma, *crença* que Alain opõe sempre vigorosamente à *fé*. A crença se detém no fenômeno, isso que Alain chama de *signo*: ela se detém no símbolo e na letra, enquanto a fé procura compreender, para além do símbolo, o simbolismo e, para além da letra, o espírito. Assim, dizer não ao pregador é dizer não ao signo, para compreender o sentido[47]. Ora, o signo não é signo senão por meio de minha crença. É, pois, à minha crença, ao meu eu que crê, que devo dizer não.

> Toda religião é verdadeira, do mesmo modo que o primeiro aspecto do mundo é verdadeiro. Mas isso não me leva muito longe. É necessário que eu diga não aos signos. Não há outro meio de compreendê-los. Mas sempre esfregar os olhos e inspecionar o signo, é isso mesmo que é despertar e pensar. De outro modo, é dormir. Se estamos decididos a crer em tudo, é verdadeiro que Jesus seja outra coisa que não essa criança na manjedoura. É necessário transpassar a aparência. O próprio Papa a transpassa em cada uma de suas preces. De outro modo, seriam elas preces? Absolutamente não, mas sono de um *homem velho.* [[48]formação dos signos?] Por trás do signo, há a teologia. Mas o que é a teologia afinal senão signo? E o que há por trás dela? É necessário compreender o que ainda é dizer não. Não, você não é o que parecer ser. Como o astrônomo diz ao Sol; como diz qualquer homem às imagens invertidas na água. E o que é o escrúpulo [escrúpulos – pequenas inquietações – pesos – obstáculos] se não é dizer não a isso que se crê? O exame de consciência [sentido religioso] é dizer não ao si que dorme. O que eu creio nunca é o suficiente, e a incredulidade é de estrita fé. "Toma tua cama e anda."[49]

Logo[50], crítica da crença em geral, que, na terceira grande parte desse desenvolvimento consagrado a Alain (lembrar os dois primeiros: pensamento = consciência.

---

47. No manuscrito, há um início de frase riscada: "E dizer não ao signo é dizer não ao si que *crê* a crença."

48. No manuscrito, há uma marca de comentário: "↔".

49. Alain, *Philosophie. Textes choisis pour les classes*, *op. cit.*, pp. 275-6.

50. Na margem do manuscrito, há uma anotação precedida por um traço apontando o início do parágrafo: "– não ao pregador".

Intransitividade da negação ou negação e reflexão), iremos examinar diretamente.

Vejamos.

1. Quais são os pressupostos filosóficos gerais da fórmula de Alain.

2. Como encontraremos no interior do pensamento de Alain elementos para ultrapassar essa fórmula (pensar: dizer não).

3. Como a partir dessa ultrapassagem possível dissertação pode[51] → escopo geral[52].

51. Tal como no manuscrito. [N. do T.]

52. No manuscrito, há uma marca de comentário: "↔".

SEGUNDA AULA

"Pensar é dizer não." (2)

Depois de ter assinalado as diferentes vias a partir das quais poderíamos nos dirigir para essa questão, colocamos seus termos[1]. Vimos como devíamos considerar uma interrogação sobre a negatividade do pensamento, negatividade que poderia ser *ou* essência constitutiva, *ou* modalização acidental do pensamento.

Colocada assim a questão, começamos por examinar, num primeiro desenvolvimento, a resposta de Alain, tentando compreendê-la e justificá-la em si mesma e a partir de si mesma. Isso devia ser feito em *três etapas* que nos levariam a progredir em direção ao centro e aos pressupostos gerais do pensamento de Alain, na medida em que eles contêm a fórmula examinada.

A primeira etapa era a negatividade do pensamento sob a forma essencial da *consciência* vigilante da *vigília*. A recusa nos apareceu então como *congênita* e *consubstancial* ao pensamento, que, na medida em que está desperto, é vontade de *autocracia* e de *autonomia*, e é inicial-

1. No manuscrito, há algumas palavras rasuradas no início do parágrafo: "A última vez, depois de ter colocado o problema de saber."

mente *"moral"* para ser *psicológico*, uma vez que, por essa recusa do ser e do fazer, instaura a sombra do dever-ser e do valor.

Daí, passamos a uma *segunda etapa*, aquela em que se colocava a questão da *origem da negação*, o "isso *a que*" se diz não. Naquele momento, há uma discussão em Alain do tema que chamei de *intransitividade fundamental de uma negação* [do não], que só tem objeto direto em aparência porque ela é antes de tudo, na realidade, *um não do pensamento a si mesmo*, uma negatividade refletida. O<s> nãos ao *mundo*, ao *tirano*, ao *pregador*, que explicamos sucessivamente, remetem cada um a um não a si, não *ao si que dorme*, e, mais profundamente, a uma filosofia *voluntarista* e *cartesiana* do *juízo*, do *erro* e da *culpa*. O não ao *pregador*, como vimos, era o não ao si *crente*[2], isto é, ao si *dogmático*, ao si *filosófico*. E com isso ele conduzia ao que creio ser o último recurso da fórmula de Alain, isto é, uma "crítica da crença", que vamos agora examinar na terceira e última etapa deste primeiro desenvolvimento.

* * *

3 – Essa *crítica radical da crença*, que é própria a uma filosofia voluntarista da liberdade e do juízo, nos permitirá melhor determinar e ao, mesmo tempo, limitar o alcance da palavra de Alain. Caso se trate primeira e essencialmente de uma crítica da crença, não é de fato a si mesmo que o pensamento diz não, mas a esse ídolo[3] ou

---

2. Na entrelinha, há uma anotação de quatro palavras de difícil decifração que talvez sejam "sob todas suas formas".

3. As seguintes palavras estão riscadas no manuscrito: "do pensamento autêntico".

a essa queda do pensamento autêntico que é o pensamento *crente*, isto é, o pensamento *crédulo*. Pois, diz aliás Alain, "o espírito de incredulidade não é senão o espírito enquanto tal" (L. P. 1934)[4]. A crença é mesmo uma certa atitude <ilegível>[5]; ela é esse *sim* ingênuo e banal que deve ser silenciado; e deve ser silenciado porque ela está aquém do juízo. Ela é passiva e se entrega, pés e punhos atados, à primeira aparência ou à primeira autoridade. É a margem que damos ao *dogmático* e ao *pregador*, renunciando ao juízo, que é, por essência, o não juízo. É por isso que o discurso do pregador, a *prédica*, é sempre a linguagem do prejuízo, mesmo que esse prejuízo se descubra verdadeiro. O pregador sempre se dirige à *natureza* e ao *corpo*, que, em si mesmos, não sabem refutar. É, pois, um dualismo entre o espírito e a natureza, dualismo cartesiano, solidário de um mecanismo da natureza que sustenta essa crítica da crença. A propósito da palavra "pensar", Alain escreve: "É pesar o que vem ao espírito, suspender seu juízo, controlar a si mesmo e não se lamentar [...]. *É, portanto, uma recusa do pensamento natural* e, profundamente, *uma recusa da natureza*, que não é, com efeito, a juíza dos pensamentos."[6]

O que me parece particularmente interessante nessa recusa do *dogma* como recusa da natureza é que, por

4. Alain, *Philosophie. Textes choisis pour les classes*, *op. cit.*, p. 250.

5. No manuscrito, há uma palavra ilegível que pode ser "nossa".

6. Alain, *Philosophie. Textes choisis pour les classes*, *op. cit.*, p. 258. Derrida sublinha e muda a seguinte citação: "É pesar o que vem ao espírito, suspender seu juízo, controlar a si mesmo e não se satisfazer. Pensar é passar de uma ideia a tudo que se opõe a ela, a fim de ajustar todos os pensamentos ao pensamento atual. É, portanto, uma recusa do pensamento natural e, profundamente, uma recusa da natureza, que, com efeito, não julga os pensamentos. Pensar é, então, julgar que tudo não está bem em nós do modo como se apresenta; é um longo trabalho e uma paz prévia."

meio dela, o *pensamento* não é definido em sua *autenticidade* a partir de alguma coisa que não seja ele mesmo e, singularmente, a partir da *verdade*, isto é, no sentido clássico, da adequação ao objeto. Isso quer dizer, muito simplesmente, o seguinte: mesmo que isso em que *creio* seja *verdadeiro*, meu pensamento está errado. Ele erra não porque lhe falta objeto, mas porque ele mesmo se falta. Ou ainda, se se quiser: *o verdadeiro jamais pode ser objeto de uma crença*. Crer é não ser livre para julgar, e o verdadeiro, por ser verdadeiro, supõe que nos dirijamos livremente a ele. E é nesse movimento livre que o pensamento é ele próprio. E o verdadeiro não é nada sem essa liberdade do juízo. É a liberdade que constitui a verdade como tal. É por isso que o ensino é algo tão difícil. Ele seria muito fácil, e não seria nada, se sua tarefa fosse apenas transmitir a verdade. É necessário também que ele ensine a pensar, que é diferente de uma técnica da verdade; e, uma vez que a verdade está no fim de uma técnica, bem, já se é vítima dessas duas falsificações do pensamento, aparentemente distantes e mesmo contraditórias, mas cuja afinidade é sem dúvida profunda: a sofística e o dogmatismo.

L. P. 1922. Min. 43.
Comentar pacientemente.

Há uma pressão contínua e bem habilmente dirigida contra o espírito. Há uma maneira de ensinar, quer seja ciência, quer sejam línguas ou história, que vai obstinadamente contra o espírito. A antiga aprendizagem, que não é senão escravidão, retorna em todo lugar, sob a aparência de um *saber técnico* [*cf.* ciência sem consciência]. Resumidamente, digo que o espírito ainda não fez nada, mas é porque ainda não despertou. Veneramos

> uma aglomeração de pedras enormes, e os verdadeiros crentes trarão a cada dia uma pedra nova. Assim é o túmulo de Descartes.[7]
>
> Seria necessário ousar; não se ousa. Mas será que realmente sabemos? A doutrina do livre juízo está profundamente enterrada. Eu quase só vejo crentes. *Eles têm mesmo esse escrúpulo de não acreditar senão no que é verdadeiro. Mas aquilo em que se crê nunca é verdadeiro.*[8]

Dito de outro modo, o *sim*, mesmo que seja proferido ao final do exame mais crítico, mesmo que seja absolutamente fundado, converte a *consciência* em *crença* e a *verdade* em *dogma*. Suponhamos que, "inspirado" por uma desconfiança radical, eu recuse indefinidamente evidências sob o pretexto de que elas possam ser apenas aparências; até um certo momento, eu detenho a *prova* absoluta da verdade da evidência: então, eu digo *sim*, sim à *verdade*; mas, no exato instante em que consenti, tão necessário e fundado que foi meu consentimento, eu comecei a *crer* e parei de *pensar* até o momento em que eu abalaria novamente minha crença. No fundo, é a ideia de prova, como instrumento técnico da verdade, que Alain recusa; é a prova ou o sistema como residência reconfortante e abrigo da verdade que é necessário destruir sem cessar[9]. A verdade nunca está em um objeto, não é um tesouro, não é um segredo que guardamos; ela deve ser sempre recomeçada. Essa crítica da crença conduz-nos a *três conclusões* que vão nos ajudar a entender melhor Alain e a desconfiar, do nosso lado, de sua fórmula. Isto

---

7. No manuscrito, há uma marca de comentário: "↔".

8. Alain, *Philosophie. Textes choisis pour les classes*, *op. cit.*, p. 273. Derrida sublinha. No manuscrito, há uma marca de comentário: "↔".

9. Na margem do manuscrito, há uma anotação: "A prova cansa a verdade."

é, para ser fiel a Alain, é necessário talvez saber refutar um dogmatismo da negação.

Primeira conclusão: a recusa da prova como modo de adormecer a verdade conduz Alain a um *ultrarradicalismo*[10] *da dúvida* que seu mestre Descartes não teria talvez aprovado. Seguramente, a dúvida de Alain ainda é uma dúvida *metódica* e não *cética ou niilista*, mas é uma dúvida metódica que não tem fim. Enquanto o "método", isto é, conforme a etimologia, o "caminho pelo qual" se vai à verdade, tem um fim que é a verdade[11]. E Descartes em primeiro lugar.

Veremos a propósito do texto que Alain é um *Descartes sem Deus*, ou, antes, *um Descartes cujo Deus não é cartesiano*. Alain é um Descartes que, querendo-se mais fiel ao cartesianismo que o próprio Descartes, quer recomeçar incessantemente os gestos que este julgou serem suficientes de se fazer de uma vez por todas. Visto de fora e expresso na linguagem do psicólogo, isso se assemelha a um traumatismo de repetição. A partir da cena traumática que é a primeira experiência de dúvida radical, podemos somente repetir um roteiro inicial[12]. Na realidade, e mais profundamente, trata-se da tomada de consciência de que a dúvida tem um valor em si, de que é a salvação[13] do pensamento, mais do que um instrumento dele.

> A dúvida é o sal do espírito. [*cf.* Lagneau, mestre de Alain]; sem uma ponta de dúvida, todos os conhecimentos estarão logo apodrecidos. Refiro-me, do mesmo

10. No manuscrito, Derrida substitui "hiper-radicalismo" por "ultrarradicalismo".

11. No manuscrito, há uma marca de comentário: "↔".

12. No manuscrito, há um comentário na entrelinha: "(Leibniz ≠)".

13. No manuscrito, "a salvação" substitui "a essência"; esta última palavra está riscada.

modo, aos conhecimentos mais bem fundados e aos mais razoáveis. Duvidar quando se percebe que se está enganado ou que se foi enganado não é difícil; eu diria mesmo que não se avança muito[14]; essa *dúvida forçada* é como uma violência que sofremos; é também uma dúvida triste, uma dúvida de fraqueza; é um arrependimento de ter acreditado e uma confiança enganada. O verdadeiro é aquilo em que não se deve nunca crer e que se deve examinar sempre. A incredulidade ainda não mostrou o seu potencial [*n'a pas encore donné sa mesure*][15].

[16]Ora, o próprio da incredulidade, para Alain, é que, quando ela mostra seu potencial (*donne sa mesure*), a incredulidade não tem mais medida. Ela é sem medida, *imensurável, imoderada*. E é pela medida dessa desmesura que se mede a verdade. Não há verdade senão na medida da incredulidade. É o que explica substancialmente esse texto em que a fidelidade ao espírito cartesiano me parece ser uma infidelidade ao espírito de Descartes.

L. P. 1924. P. R. 23[17].

Há algo de morto em toda Teologia, algo de morto também em toda Geometria. São ideias guardadas a sete chaves; ninguém as verá mais, e elas são contabilizadas em registros e resumos, como fazem os escriturários (*te-*

---

14. Na margem do manuscrito, há um traço vertical ao longo da citação e uma anotação: "Comentar outros filósofos."

15. Alain, *Philosophie. Textes choisis pour les classes, op. cit.*, p. 277.

16. Na entrelinha, entre a citação e o parágrafo seguinte, estas frases foram anotadas e depois riscadas: "Ilustração: o pensamento de Leibniz sobre Descartes: se se começa a duvidar, jamais se poderá suspender essa dúvida. Logo, não duvidar ≠ Alain."

17. "23" refere-se a 20 de dezembro de 1923, data da composição de *Propos sur la religion*, de Alain.

> *neurs de livres*) [*cf.* Husserl]. Ora esses alimentos do espírito se corrompem ainda mais rápido que os da boca. E o que é uma ideia na qual não se pensa? Bossuet prova Deus pelas verdades eternas. "Uma verdade não pode deixar de ser uma verdade. Descartes morre, Bossuet morre, a verdade não morre. Mas, como uma verdade também não é nada sem algum pensante, então existe um Pensante eterno." Eis um pensamento de discípulo e um baú de ideias[18]. Descartes é muito mais difícil de seguir, porque ele quebra o baú de ideias e as próprias ideias, a ponto de dizer que não há absolutamente verdades eternas e que a vontade de Deus decide sobre elas a cada instante, mesmo no caso do triângulo e do círculo. Compreende quem pode. Resta aqui o escândalo e uma chance de duvidar do indubitável; pela qual a teologia de Descartes encontra-se animada de incredulidade [...].[19]

É certo que Descartes nunca disse que não havia verdades eternas. Muito pelo contrário e sem dúvida, Alain sabia disso melhor que ninguém. Descartes disse simplesmente que Deus era o criador das verdades eternas, e que essa criação era continuada – pela qual, seguramente, Deus poderia muito bem fazer com que a verdade dos triângulos fosse questionada. Está em seu poder. Mas, aponta logo Descartes, ele não pode querer usar desse poder, pois é de sua essência que as vias que escolhe sejam simples e imutáveis[20]. Sem dúvida, a criação continuada não é conservação senão para o olhar dos humanos,

---

18. No manuscrito, Derrida completa aqui no seio da citação: "↔ . . (*cf.* Delegação) . .".

19. Alain, *Philosophie. Textes choisis pour les classes*, *op. cit.*, p. 276.

20. No manuscrito, há uma marca de comentário: "↔". Derrida refere-se à "Quinta meditação" das *Meditações metafísicas*, de Descartes. Aliás, em 1962-1963, Derrida consagrou um longo curso às *Meditações cartesianas*, de Husserl.

mas essa criação, para ser conforme à essência de Deus, deve ser recomeço sem reviravolta; no fundo, é da própria definição do Deus veraz que Descartes, como vimos[21], necessita tanto[22]. Eis o que Alain não quer ouvir de Descartes: o aparato de provas, as garantias da veracidade divina, a confiança em uma verdade da qual não tenho a evidência atual, em suma, a certeza absoluta.

Alain necessita de um Deus à imagem de quem dele duvida, de seu incrédulo; um Deus que não seja mais uma garantia, dado que duvida e pode recomeçar incessantemente; um Deus que não seja reconfortante, sobre o qual não se possa repousar. No fundo, Alain desejaria que nos mantivéssemos na hipótese do Deus enganador e mesmo do Gênio Maligno para salvar o pensamento e a iniciação ao pensamento – só há iniciação ao pensamento no não. Portanto, ele precisa introduzir certa negatividade em Deus para que o homem nunca possa se repousar na positividade de alguma prova absoluta[23]. É por isso que ele interpreta e deforma deliberadamente a doação da criação de verdades eternas em um sentido "finitista"[24]. Pode-se dizer que, em seu próprio exercício, o pensamento é, em certo sentido, ateu[25].

É por isso que o geômetra de Alain assemelha-se tão pouco ao geômetra cartesiano, o de Descartes e o de Ma-

---

21. Derrida refere-se sem dúvida a um curso ministrado em 1960-1961 intitulado "Essência existência", no qual ele discute a "Quinta meditação" de Descartes e a prova da existência de Deus.

22. No manuscrito, a frase seguinte está riscada: "Ora, Alain precisa de um Deus que duvida e mesmo que possa se enganar."

23. Na entrelinha, há algumas palavras anotadas: "(inferior, <ilegível>) já à criação".

24. No manuscrito, há uma marca de comentário: "↔".

25. No manuscrito, várias palavras estão riscadas: "Geômetra verdadeiro. (≠ Descartes ≠ Malebranche). Geômetra (Alain – Diderot)."

lebranche[26]. Alain (na sequência do texto citado anteriormente): "[...] a teologia de Descartes encontra-se animada de incredulidade. Queimem os ídolos! Assim segue o verdadeiro Geômetra, sempre duvidando e desfazendo de onde as ideias nascem e renascem. Pois eu defendo que, se queremos saber o que é uma linha reta, devemos sempre pensar nela, quero dizer, querê-la e mantê-la sempre, *isso que é duvidar e acreditar conjuntamente*"[27].

geo. *criador. responsável. reativar*[28].

Segunda conclusão: ponto mais difícil. Entendida de tal maneira, a crítica geral da crença conduz-nos a um *dualismo* que não tem mais o mesmo sentido que aquele entre espírito e natureza, consciência e corpo, liberdade e mecanismos, dualismo ao qual, vocês se lembram, reenviava à análise da negatividade do pensamento. Estamos lidando agora com uma dialética necessária e imanente ao pensamento em torno do esquema. A crença nada mais é que o pensamento, um efeito do corpo, da natureza etc. Ela não é uma espécie de função psicológica, nem mesmo de atitude psicológica autônoma que entraria em cena quando o pensamento adormecesse. Não é uma fatalidade exterior ao pensamento. Não é simplesmente uma não liberdade, limitando acidentalmente a liberdade do espírito. Pelo contrário, ela é um momento necessário do espírito em seu movimento em direção ao verdadeiro. "O geômetra deve crer e duvidar ao mesmo

---

26. No manuscrito, há a marca de comentário "↔" no rodapé, assim como a palavra "alucinação" anotada.

27. Alain, *Philosophie. Textes choisis pour les classes*, *op. cit.*, p. 276. Derrida sublinha.

28. No manuscrito, estão listadas essas quatro palavras. As três últimas estão sublinhadas. A primeira é, sem dúvida, a abreviação de "geômetra".

tempo", dizia Alain[29]. Eu não posso fazer outra coisa, diante do verdadeiro, que não seja crer e dizer sim. Devo, uma vez que disse *sim* ao *verdadeiro*, imediatamente *despertar* minha crença para que o verdadeiro não se torne uma coisa inerte, morta, um signo ou um sistema. Mas esse próprio despertar não tem sentido sem o *sim*[30]. Crença e dúvida são apenas dois momentos do pensamento dialeticamente ligados – um tão necessário quanto o outro. O adormecer da dúvida não é uma simples paixão da alma, logo, uma ação do corpo como no dualismo cartesiano. Ele é o próprio fôlego do pensamento, uma fase rítmica do pensamento, um *período necessário* do pensamento[31].

Se o *sim* da crença no verdadeiro é tão *vital* para o pensamento, para a consciência e para a verdade quanto o *não*, bem, já se pode perguntar se pensar é dizer *não* em vez de *sim*, ou o que seria um não que não se nutrisse de um sim. Dito de outro modo, ao passar, no interior do pensamento de Alain, do dualismo espírito-natureza a um dualismo mais profundo que o subentende e que é imanente ao próprio pensamento, no momento mesmo em que se compreende verdadeiramente o que quer dizer o não como não ao si do pensamento, nos damos conta de que o não a si é coessencial a um sim a si, que lhe sucede tanto quanto lhe precede e sem o qual o não seria um gesto estéril, um tique mais que um pensamento. Dialética da temporalidade ≠ Descartes ≠ instante.

---

29. Aqui, sem dúvida, Derrida faz uma paráfrase.

30. No manuscrito, há a marca de comentário "↔", assim como as palavras "falha necessária".

31. No manuscrito, há a marca de comentário "↔" na sequência do parágrafo, assim como as palavras: "O piscar dos olhos <ilegível, que talvez seja "não ser"> → loucura ≠ verdade."

Isso nos conduz à *terceira e última conclusão*, que nos fará descobrir então o *sim da crença* e, portanto, *o não à crença*, o sim da fé e da fidelidade, que motiva todo movimento negativo e dubitativo.

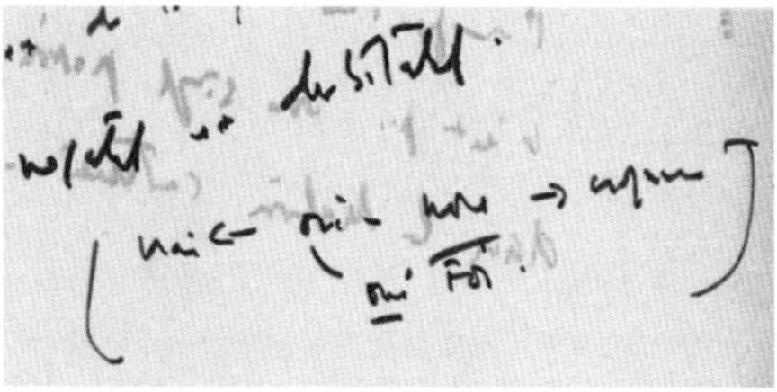

(verdadeiro ← sim – não → crença)
\ *sim* / Fé

Neste ponto[32], atingimos um nível de *radicalidade* mais profundo e não devemos nos espantar de reencontrar agora – ainda em Alain – afirmações que parecem contradizer o que conhecemos até aqui. Com efeito, para dizer não, para duvidar, para recusar é necessário *querê-lo*, é necessário *decidir* sobre isso. É necessária uma resolução [*fiat*] ou um *assim seja* que é um *sim* ao *querer dizer não*. Eu digo não a essa crença, a tal conteúdo de crença, mas digo *sim ao valor* e à vontade de *verdade* em nome da qual digo não. E essa crença no valor precede a crença ingênua da credulidade e, portanto, o não à crença ingênua. O *sim* axiológico é fundamental. Querer = afirmação. Voluntarismo não pode ser filosofia da negação. É por isso que Alain escreve, em um texto que parece contestar "pensar é dizer não", estas palavras que, na reali-

32. No manuscrito, no cabeçalho da página, há um início de frase rasurado: "O *sim*, do qual acabamos de descobrir a solidariedade dialética com o *não*, era, de algum modo, simétrico ao não."

dade, fundam e dão sua gravidade, sua seriedade ao "pensar é dizer não".

L. P. 1921. P. R. p. 87.
Ler pp. 260-1 (1)[33], comentar.

> Antes de tudo, é necessário crer. É necessário crer antes de toda prova, pois não há prova alguma para quem em nada crê. Augusto Comte meditava frequentemente sobre esta passagem da *Imitação* [*de Cristo,* de Tomás de Kempis]: "A inteligência deve seguir a fé, e não precedê-la; muito menos rompê-la." Se não creio que depende de mim pensar bem ou mal, deixo-me pensar à deriva; minhas opiniões flanam em mim como transeuntes sobre uma ponte. Não é assim que se formam as Ideias; é necessário querer, é necessário escolher, é necessário manter. Que interesse posso encontrar em uma prova se não creio firmemente que ela será ainda boa amanhã? Que interesse, se não creio firmemente que a prova que é boa para mim é boa para todos? Ora, isso não posso provar; toda prova o pressupõe. Em que tom Sócrates explicaria a geometria ao pequeno escravo se não estivesse seguro de encontrar nessa forma humana a mesma Razão salvaguardada nele?[34]

Logo, duas crenças:

Fé e credulidade. É a fé que diz não à credulidade.
Fé e loucura (não esquecer *Zweifelsucht* = loucura da dúvida).
Credulidade pura = loucura (≠ <ilegível>[35] = negatividade pura)

---

33. O número (1) aparece na margem da cópia de Derrida de *Philosophie. Textes choisis pour les classes*, de Alain.

34. Alain, *Philosophie. Textes choisis pour les classes*, *op. cit.*, pp. 260-1.

35. No manuscrito, há uma palavra ilegível que talvez seja "não ser".

O "louco é um homem que se crê"[36].
Única proteção [*garde-fou*] = fé[37]. Ler p. 260: "Há crer e crer [...]."[38]
Fé = razão.
Negatividade = pensamento.
Para se dizer não, o pensamento deve primeiro dizer sim a si próprio, estar seguro de si.
É necessário estar seguro *primeiro* = *fidelidade*.
Preceder o acontecimento para compreendê-lo.

"Eu disse frequentemente que a fidelidade é a luz do espírito; é porque sei disso. Assim que suas ideias mudam conforme o acontecimento, a inteligência não é mais do que uma filha."[39]

* * *

Assim, não apenas esse comentário de Alain nos conduziu ao oposto de um "pensar é dizer não", mas também reabriu o debate, dando-lhe toda a sua amplitude.

---

36. Alain, *Philosophie. Textes choisis pour les classes*, *op. cit.*, p. 259.
37. No manuscrito, algumas dessas palavras estão contornadas.
38. Alain, *Philosophie. Textes choisis pour les classes*, *op. cit.*, p. 260: "Há crer e crer, e essa diferença aparece nas palavras 'crença' e 'fé'. A diferença chega até mesmo à oposição; pois, segundo a linguagem comum e para uso ordinário da vida, quando se diz que um homem é crédulo, exprime-se que ele se deixa pensar qualquer coisa, que se submete à aparência, que se submete à opinião, que está sem disposição. Mas, quando se diz de um homem de negócios que ele tem fé, se quer dizer justamente o contrário. Esse sentido tão humano, tão claro para todos, encontra-se corrompido por aqueles que querem ser acreditados. Pois eles louvam a fé, dizem que a fé salva e, ao mesmo tempo, rebaixam a fé ao nível mais tolo da crença. Essa neblina não está perto de se dissipar. Ponhamo-nos dentro: isso não é mais do que uma névoa. Discernem-se alguns contornos; é melhor do que nada."
39. *Ibid.*, p. 267.

Vimos que em Alain o *sim* e o *não* mantinham relações complexas de solidariedade que mudavam de sentido segundo o nível de racionalidade no qual nos situávamos. A questão permanece, dessa forma, aberta. Mas o modo pelo qual fomos conduzidos a inverter a forma inicial do pensamento de Alain, no curso de um simples comentário, conduz-nos, na segunda parte, que se seguirá, a levar nossa interrogação ao sentido desse "sim", que não é mais aquele da ingenuidade crédula, mas o da fé. O que é esse *sim* que não somente não contradiz, mas também é proferido como um tipo de *não*? O que quer dizer, nesse sentido novo e mais profundo, "pensar é dizer não"? E o que legitima essa nova afirmação?

Segunda (grande parte)[40]. Observemos a princípio, de maneira muito simples, que, ao contrário do que parecia pensar Alain, nenhum *sim* poderia ser totalmente *ingênuo* e *crédulo*. O *sim* é algo que *se diz*. Alain diz que pensar é *dizer* não. E o *dizer*, a fala em geral, supõe uma primeira ruptura com a inocência beata e com a inconsciência bruta, com a passividade ingênua, uma ruptura, em uma palavra, com uma participação pré-objetiva do ser, com a *crença*. Mesmo que seja um *sim* de credulidade, essa credulidade não é *natural*; é a credulidade que supõe certa escolha fundamental e, portanto, esse destacamento e, portanto, essa negatividade primeira que funda... Não seria apenas a atitude *recitativa* do sujeito falante (Goldstein[41] <ilegível> atitude simbólica <ilegível>[42])... Fácil.

40. No manuscrito, no cabeçalho da página, há o comentário: "Pensar *é dizer* sim."

41. Derrida refere-se sem dúvida ao psiquiatra e neurologista alemão Kurt Goldstein (1878-1965), cujos trabalhos influenciaram filósofos como Maurice Merleau-Ponty e Georges Canguilhem.

42. No manuscrito, há uma palavra ilegível que talvez seja "Deleuze".

O sono adormecido ou mesmo o louco de Alain, aquele sobre o qual ele diz ser inteiramente crença ou credulidade a si, se existissem em estado de pureza, seriam igualmente incapazes tanto do *sim* quanto do *não*. O sono sem sonho, o próprio sonho, a demência pura são domínios em que a linguagem não é mais regida pelas categorias de negação ou de afirmação. Análise concreta possível aqui (criança – animal – etc.). Com o *sim* e o *não*, estamos então desde sempre separados da natureza.

Isso posto, devemos agora distinguir entre o *sim* da fé (segundo Alain) e o *sim* ou o *não* do pensamento em ato, do pensamento em curso, e ver como o sim da fé é *suposto* por esse pensamento em ato. (Fé = esvaziada de todo sentido religioso preciso.) Com Alain, aprendemos *duas certezas*:

1 – o não *abre* o espaço da axiologia[43].

2 – o *sim* da fé funda esse espaço axiológico.

Então, o que significa esse fundamento afirmativo?

É uma questão que examinaremos *sucessivamente* e *progressivamente* sob seus dois aspectos principais. A axiologia, ou teoria das normas, ou teoria do valor, tem um sentido *especulativo* (o verdadeiro é uma *norma*). Ela tem também um sentido *prático* (o Bem é também uma norma).

1) Em seu *sentido especulativo*, ela parece resistir a duas formas de negação, que são também duas formas de *dúvida*. Inútil insistir mais.

– *Dúvida cética*[44]:

---

43. No manuscrito, há a marca de comentário "↔" seguida das seguintes palavras: "inaugura reino do valor".

44. Daqui até o fim da aula, Derrida faz uso de boa parte de uma passagem do livro *Os céticos gregos*, de Victor Brochard, filósofo francês

Em primeiro lugar, não se deve esquecer que, se a dúvida cética é tão *duvidosa*, é porque não é uma recusa *simples* de toda afirmação; ela põe em questão ao mesmo tempo a afirmação e a negação. É o próprio discurso como lugar-comum do sim e do não, cuja possibilidade é atingida pela famosa *epoché*[45] (suspensão do juízo). Todas as coisas, nelas mesmas, são igualmente indiferentes e indiscerníveis e nem nossas sensações nem nossos juízos nos ensinam o verdadeiro e o falso, diz Pirro. Por isso, não devemos confiar nem nos sentidos nem na razão, mas permanecer sem *opinião*, sem tender nem para um lado nem para o outro, em uma impassibilidade total. Qualquer que seja a coisa de que se trate, não se tem mais o direito de afirmá-la do que de negá-la, ou bem é necessário afirmá-la e negá-la ao mesmo tempo, ou bem é necessário nem afirmá-la nem negá-la. Razões iguais podem sempre ser invocadas a favor de e contra cada opinião (antilogia – *isostheneia* [igualdade de forças]). Donde diversas fórmulas: "Eu não defino nada" (*oudén orízo*), "Nada é inteligível", "Nem *sim* nem *não*". Mas essas fórmulas são ainda *muito afirmativas* ao grado de Pirro; é necessário entender que, ao dizer que nada afirma, o cético nem mesmo isso afirma. As palavras "*não mais* isto que aquilo" não têm nenhum sentido *afirmativo* e que marca a igualdade, como quando se diz: "o pirata *não é pior* que o mentiroso"; nem um sentido *comparativo*, como quando se diz: "o mel *não é mais* doce que a uva"; mas um sentido *negativo*, como quando se diz: "não há mais Cila

---

(1848-1907), ele próprio se utilizando do arrazoado do biógrafo grego Diógenes Laércio. Ver Victor Brochard, *Les sceptiques grecs*. Paris: J. Vrin, 1959, pp. 54-5.

45. No manuscrito, Derrida escreve "*époχè*". Na entrelinha, acima dessa palavra, figura "*skepsis*".

do que quimera". Essa negatividade pareceu ainda muito *afirmativa* a alguns que substituíram a fórmula *oudèn mâllon* (nem sim nem não: nada mais) pela fórmula *interrogativa* (*tí mâllon*). Em todas essas fórmulas, a afirmação – tanto em sua forma afirmativa quanto negativa – não era senão aparente; ela se autodestrói, dizem os céticos, "como o fogo que se esvanece juntamente com a madeira que ele consumiu", "como um purgativo que, depois de ter aliviado o estômago, desaparece sem deixar traço".

TERCEIRA AULA

"Pensar é dizer não." (3)

Alguns pontos a balizar, como sempre.

Depois de nossa introdução, chegamos à terceira etapa da primeira parte, consagrada ao comentário sobre o pensamento de Alain. Esta terceira etapa deve nos mostrar que a identificação do pensamento a uma *consciência vigilante* (primeira etapa) e *a intransitividade fundamental da negação* (segunda etapa) supõem (terceira <etapa>) uma *crítica radical da crença*, último fundamento da fórmula de Alain.

Essa *crítica da crença* é também uma crítica do saber técnico, da técnica da verdade, isto é, da *prova* em geral, dessa prova que, como diz Braque em uma fórmula que poderia ser subscrita por Alain, *"cansa a verdade"*[1]. Se a verdade nunca pode ser o objeto de uma prova na qual ela se apoia, é porque nunca pode ser o objeto de uma crença. É um tema que comentamos longamente e que nos levou a *três conclusões*:

1. Georges Braque, *Le jour et la nuit: Cahiers de Georges Braque, 1917-1952*. Paris: Gallimard, 1952, p. 34: "As provas cansam a verdade."

1. *O ultrarradicalismo de uma dúvida* que, em Alain, se queria mais cartesiana que a de Descartes e que despojava o cartesianismo de todo o seu aparelho de certeza, em particular do Deus veraz e fiador das verdades eternas que criou. Alain tira-lhe tudo que pode haver de reconfortante em Descartes.

2. Um *dualismo entre a crença e o pensamento vivo* e dubitativo, que não reconhece o dualismo espírito-natureza, consciência-corpo, liberdade-mecanismo, do qual partimos e que culmina, paradoxalmente, na fundação da necessidade da fraqueza dogmática no interior do pensamento vivo e no fato de ligá-la, de maneira dialética, à necessidade do despertar crítico. Este perderia, então, seu privilégio revelador.

3. Enfim. Isso nos obrigava a descer a um nível de profundidade em que a *crítica da crença* estava interligada a um *elogio da fé,* cujo sentido havíamos anunciado. Tratava-se de um *sim* axiológico, de um sim à norma ou ao valor ou à vontade de verdade.

Abrir o debate em toda a sua amplitude nos levou a questionar, em uma *segunda grande parte,* o sentido e o valor desse sim axiológico da fé. Isto é, ao mostrar que o "dizer *sim* ou *não*" não poderia nunca ser "natural", mesmo na credulidade, dado que ele supunha uma ruptura da participação primitiva da natureza, começamos a nos perguntar por que, se o não abria, como vimos com Alain, o espaço axiológico, o sim, na realidade, fundava esse espaço. O fundamento afirmativo do axiológico podia assumir dois aspectos, um aspecto *especulativo* (valor de verdade) e outro *prático* (o Bem...); procuramos mostrar que, em um sentido especulativo, esse *sim* resistia a duas formas de negação que eram também duas formas de dúvida. 1) *A dúvida cética,* que, como vimos com bastante precisão, recusa não apenas o direito à afirmação, mas também o direito à opinião em geral, seja afirmativa, seja negativa; que recusa, então, *todo direito à fala*, e faz da atitude interrogativa o único refúgio seguro. *A afasia*, a não fala, tornou-se, dessa forma, o imperativo categórico ou, antes, o interdito categórico por meio do qual alcançamos essa *ataraxia* e essa *adiaforia*[2], que são o ápice da sabedoria.

No entanto, como vocês sabem, é bem fácil mostrar que esse interdito não pode se sustentar de modo isolado em sua negatividade. Para contradizer indefinidamente toda opinião, isto é, todo juízo, dado que ele pode ser falso e cair nas armadilhas da aparência, é necessário que eu me inspire em uma exigência positiva de verdade e de realidade. É ao me referir a um direito à verdade, ou a um direito da verdade, que posso condenar o erro, a precipitação, a crença, a aparência e toda não verdade em geral. Sem um tipo de adesão axiológica primitiva à legitimidade da verdade não seria sequer possível recusar a opinião em geral, o julgamento em geral, como uma violação de fato à verdade. Essa fé primordial revela-se de duas formas:

1.[3] Nas denúncias dos céticos, a atitude interrogativa da afasia implicitamente se refere a ela e até a manifesta em sua pureza.

2. Na medida em que o ceticismo se dá como uma filosofia, ele se dá como portador[4] de uma verdade, mes-

2. *Ataraxia*: vocabulário cético e estoico; estado em que a alma, pelo equilíbrio e moderação na escolha dos prazeres sensíveis e espirituais, atinge o nível ideal supremo da felicidade, a imperturbabilidade. *Adiaforia*: indiferença completa em face de coisas e acontecimentos. [N. do T.]

3. No manuscrito, os números "1" e "2" aparecem circulados em vermelho.

4. Na entrelinha, acima da palavra "portador" (*porteur*) figura a palavra "arauto" (*héraut*).

mo que seja a verdade da verdade impossível. A atitude interrogativa é antes de tudo uma atitude filosófica, logo, uma atitude que recomendo e que tenho, em princípio, a possibilidade de ensinar. Essa possibilidade de comunicação filosófica revela um plano de possibilidade e uma linguagem mais profunda do que aquela a que se quer sujeitar, de interdito e afasia. A afasia não é senão o modo mais exigente de um *logos* fundamental com o qual toda filosofia, a cética em particular, se inaugura.

Bem. Essas denúncias são de fato clássicas e fáceis. São, em particular, as que Pascal descreve tão bem e abundantemente, sobretudo quando mostra o dogmatismo inerente a toda razão filosófica, mesmo que ela seja cética. No fragmento 375, ele escreve esta única pequena frase, de aspecto um pouco enigmático e terrivelmente irônica: "O pirrônico Arcesilau, que se torna novamente dogmático."[5] E apela a essa mesma veracidade quando escreve o célebre fragmento 395: "Temos uma impotência de provar, invencível a todo dogmatismo. Temos uma ideia da verdade, invencível a todo pirronismo."[6]

Logo, fácil...

O filósofo deve, pois, tomar consciência dessa inerradicável profundidade da verdade como direito e como norma. E, após essa tomada de consciência, ele deve lhe subordinar sua dúvida e toda negatividade. Isso nos leva à segunda dúvida, à segunda negação especulativa anunciada: *a dúvida metódica*, que é encaminhada em direção à verdade. Aqui, o esquema é ainda mais fácil. Tratar-se-ia, inspirando-nos em Descartes, de mostrar:

---

5. Blaise Pascal, *Pensées et opuscules*. Paris: Hachette, 1946, p. 500. No manuscrito, depois da citação, há uma marca de comentário: "↔".

6. *Ibid.*, p. 508.

1. Como a dúvida *leva a* uma certeza. Estudamos bem atentamente todo o itinerário das *Meditações* a propósito do argumento ontológico.

2. Como a dúvida não apenas *leva*, mas também *procede de* ou, pelo menos, *supõe* um certo número de certezas que não são ideias representativas – carregadas de dúvida –, mas os axiomas da luz natural: axioma de causalidade, axioma segundo o qual o querer-enganar é incompatível com a ideia de Deus etc. Essa *"luz natural"*, se é o éter do pensamento, mostra bem que o *sim* é mais *natural*, isto é, original, do que o *não* etc.

Fácil... (mais Crítica nas ciências ≠ <ilegível>[7] e <ilegível>[8]).

Na sombra da axiologia especulativa e da verdade, o *sim* é então anterior e irredutível ao *não*. Isso também é verdadeiro na sombra da axiologia prática.

Aqui, eu proporia a vocês o seguinte esquema:

1. Mostrar que *ganhamos um grau de profundidade* passando da axiologia especulativa à axiologia prática[9]. Pois querer o verdadeiro supõe que o *verdadeiro* é o *bem*, que é melhor querê-lo do que o não verdadeiro e que já há, pois, uma implicação prática e "moral" na vontade de verdade...

2. Que todo *niilismo prático é contraditório* e supõe uma fé no Bem em geral. Esquema análogo àquele estabelecido a propósito do ceticismo (≠ simétrico, pois vimos que ele era suposto pela demonstração precedente).

7. No manuscrito, há uma palavra ilegível que pode ser "tradição".

8. No manuscrito, há uma palavra ilegível que pode ser "geometria".

9. Na entrelinha, algumas palavras são acrescentadas entre parênteses: "(evitar o estático e a simetria)".

Eu daria aqui três exemplos (ilustrações e não apresentação). Apenas indico a vocês o princípio do desenvolvimento que eles poderiam permitir.

Primeira ideia e primeiro exemplo. Toda vontade é vontade de Bem e, por consequência, afirmação do Bem. A ideia de que uma vontade pode ser orientada em direção a outra coisa que não esse Bem consiste simplesmente em confundir o bem com uma de suas formas, seja o prazer, a felicidade, seja, ao contrário, a maldade, a morte, o suicídio. Dizer que a vontade homicida ou a vontade suicida não são vontades de Bem é confundir o Bem com uma de suas formas determinadas, ou o que se crê ser uma de suas formas em tal ou tal sistema de valores determinados, e esquecer que aquele que mata ou se mata vê na morte o Bem. É dizer que o Mal não é o contrário ou o simétrico desse Bem geral e formal, que é marca de tudo que se quer. A negação deste ou daquele bem, que é a vontade aparente de Mal, é secundária e fundada em uma vontade de Bem. As afirmações *satânicas* "eu quero o mal" ou "eu recuso o bem"[10] são necessariamente subjacentes às afirmações metafísicas "eu quero o bem" ou "eu acho que é bom querer o mal e recusar o bem". Dito de outro modo, o Bem absoluto e inelutável não é posto sinteticamente e *a posteriori* de modo contingente por tal ou tal vontade: ele faz parte analiticamente do conceito da vontade e do ato em geral. Todo ato de vontade é um ato de vontade em direção ao Bem. Eu não posso querer o Mal em geral.

Por isso, Sócrates dizia que "ninguém é mau voluntariamente". Por isso (primeiro exemplo), quando, no *Górgias*, Cálicles, esse antepassado de Nietzsche, na linha

10. Na entrelinha, três palavras foram acrescentadas: "não ao bem".

do niilismo especulativo dos sofistas, demonstra a Sócrates que podemos e mesmo *devemos* querer outra coisa que não o Bem e a justiça, que podemos e mesmo devemos querer a potência ou o prazer egoísta, Sócrates não tem dificuldade em lhe demonstrar que essa pretensa *vontade de potência* distinta do Bem não é senão uma *impotência da vontade em determinar seu objeto verdadeiro,* que é o Bem. Pois, para a reflexão, rapidamente se perceberia que a vontade de potência é também vontade de Bem. O Bem é sempre a última palavra da vontade; é a verdade da vontade.

Desde que não se confunda com tal ou tal bem determinado, o qual pode não ser desejado.

É nossa segunda ideia e nosso segundo exemplo. Se por vezes chegamos a acreditar que existe uma vontade negativa primordial e uma vontade de Mal, é em razão de uma *finitude* que nos impede de querer e de pensar o Bem absoluto e que nos faz confundir o Bem "em geral" com tal ou tal bem determinado. É em razão dessa finitude que se crê que o relativismo do bem é o fim do fim e que, como diz Montaigne, "Uns dizem que nosso bem reside na virtude; outros, na volúpia; outros, ao consentir à natureza; outros, na ciência etc."[11] Crê-se refutar o bem e querer o mal porque não se pensa neles em razão de uma limitação, que o malquerer não é senão uma determinação e não uma contradição do bem-querer, de uma bene-volência [sic] fundamental.

É assim que Malebranche[12] – que, desse ponto de vista, é também um Platão cristão, porque é igualmente

---

11. Michel de Montaigne, "Apologie de Raimond Sebond", in *Les essais*. Ed. Albert Thibaudet. Paris: Gallimard, col. Bibliothèque de la Pléiade, 1946. Derrida encurta a citação de Montaigne e completa o "à" em "ao consentir à natureza".

12. Na entrelinha, uma anotação indica "segundo exemplo".

herdeiro de outro platônico, Santo Agostinho – obstinou-se a lembrar-nos de que não podemos querer senão o Bem em geral, isto é, o Bem absoluto, isto é, Deus; e que, por conseguinte, toda vontade, qualquer que seja o objeto determinado e acidental, e mesmo que ele tenha a aparência do mal, proceda, de fato, de uma vontade de Bem, logo, de uma vontade de Deus, logo, de um amor de Deus. E se nos apegarmos a bens particulares, precisamente aqueles que levam o nome de males, como a paixão do bêbado e o amor ao vinho, por exemplo, é porque nosso entendimento finito fora incapaz de determinar o verdadeiro objeto da vontade infinita, isto é, Deus. Por meio da garrafa de vinho, é a Deus que o bêbado adora, mas ele não pode saber disso. Pois, quando creio refutar Deus, é Deus ainda que afirmo... A vontade é sempre necessariamente vontade do bem indeterminado e em geral. Notemos de passagem que, dado que nós, seres finitos, não podemos ser dotados dessa vontade infinita, é Deus quem, por meio de nós, quer e ama a si mesmo com um puro amor[13]. Fácil.

Assim, a afirmação do valor parece ser a forma de um sim fundamental em relação ao qual toda negação parece secundária, derivada e dependente.

Isso nos conduz à terceira ideia e ao terceiro exemplo.

Essa afirmação do valor parece ainda mais radical que a afirmação e a posição do ser. Para posicionar o ser, não é necessário querê-lo, querer posicioná-lo e pensá-lo? Não é necessário isso, uma vez que é melhor que haja ser ao invés de não ser? A afirmação do valor não é o que resta quando o niilismo foi até o fim de si mesmo, quando ele negou tudo, até mesmo a existência de Deus?

---

13. Na entrelinha, algumas palavras estão anotadas: "O não = reduzido ao nível do infinito."

É isso que permite a *Lagneau*[14], em seu famoso *Cours sur Dieu* [Curso sobre Deus] (Lagneau é o mestre direto de Alain), dizer que é necessário passar por uma prova da inexistência de Deus para compreender o que seria Ele[15], compreender que Deus *não era*, mas que se faria presente sob a forma do valor absoluto; que, sem esse Deus, valor absoluto, seria necessário parar de pensar, de querer e de se voltar em direção ao nada (*néant*) e ao caos[16].

Bem, depois de ter alcançado as profundezas do *sim*, depois de tê-lo depurado de tudo que não era e mostrado ser ele o último alicerce do pensamento, do discurso e do querer, e a primeira palavra da filosofia, resta-nos, numa terceira e última grande parte, colocar a seguinte questão, que é dupla: se o *sim* é primeiro e irredutível, qual é o sentido e a origem do não? Por que há negação e por que o "pensar é dizer não" de Alain não é contraditório com esse *sim* das profundezas? Em segundo lugar, *segunda questão* para cuja resposta, vocês verão, seremos conduzidos no mesmo passo, a afirmação axiológica, o sim ao valor absoluto, seria *anterior* e *primeira*, como pensa Lagneau, ou bem ela se encontra suspensa em uma afirmação ontológica mais radical? E, então, o que é essa afirmação ontológica radical?

* * *

---

14. Na entrelinha, acima de "Lagneau", uma anotação indica "terceiro exemplo".

15. Na margem do manuscrito, Derrida anota uma citação de Lagneau entre parênteses: "('O ateísmo é o sal que impede a crença em Deus de se corromper.')". Jules Lagneau, *Célèbres leçons et fragments*. Paris: PUF, col. Bibliothèque de Philosophie Contemporaine, 1950, p. 231.

16. No manuscrito, há a marca de comentário "↔" seguida, entre parênteses, de "(Voltaremos a isso)".

A questão da origem da negação é, sob vários pontos de vista, uma questão moderna. Não se deve ignorar, é claro, que negação e negatividade em geral são problematizadas já em Platão, no qual o negativo aparece sob duas formas de *ápeiron* (indefinido-indeterminado) e na exclusão de determinações, na alteridade das ideias. É o problema da alteridade e dos não seres [apresentado] no *Sofista*. (Logo, indeterminabilidade e exclusão.) Sem dúvida, a negatividade também é levada em consideração pelos racionalistas clássicos. Mas a negatividade sempre é pensada como ausência e privação, como falta disso que não é ela, ou seja, disso que é. Isso muda somente a partir de Kant, que mostra, em particular em seu "Ensaio para introduzir a noção de grandezas negativas em filosofia" (1763), que a negação não é subtração, ausência, falta etc., a não ser em um sentido lógico e discursivo, e que, quando se passa do lógico ao real, constata-se que existem conflitos de força, logo, "grandezas negativas", que não são mais apenas a sombra à falta de uma grandeza positiva, mas uma outra grandeza igualmente real. (Notem que o genial Bossuet já havia percebido isto: infeliz ≠ não feliz, injusto ≠ não justo.)

Em seguida, o fato de Hegel levar a sério o trabalho do negativo completou o movimento que nos tirou de uma tradição[17] para a qual a negação era *profundamente* impossível ou impensável, ou, em todo caso, isso que, enquanto tal, não tinha ascendência sobre o ser...

É sob o fundo dessa renovação que a questão da origem e do sentido da negação repousou com acuidade no fim do século passado [XIX] para nunca mais perder nada de sua urgência.

---

17. No manuscrito, "de uma tradição" substitui "da lógica do inútil e da ontologia clássica", que está riscado.

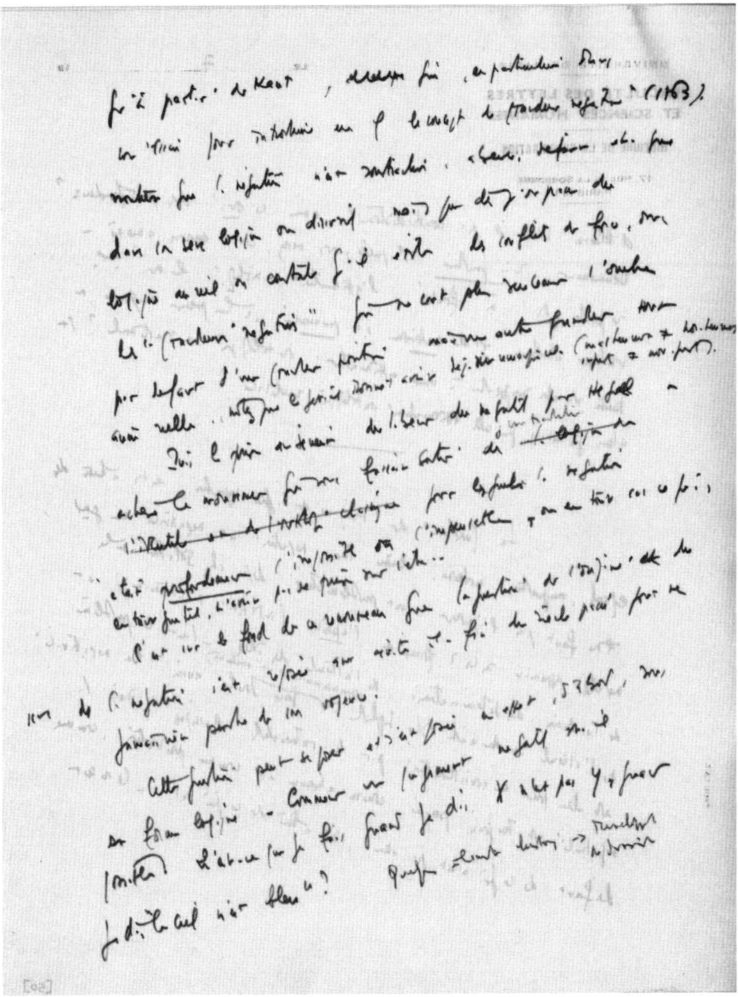

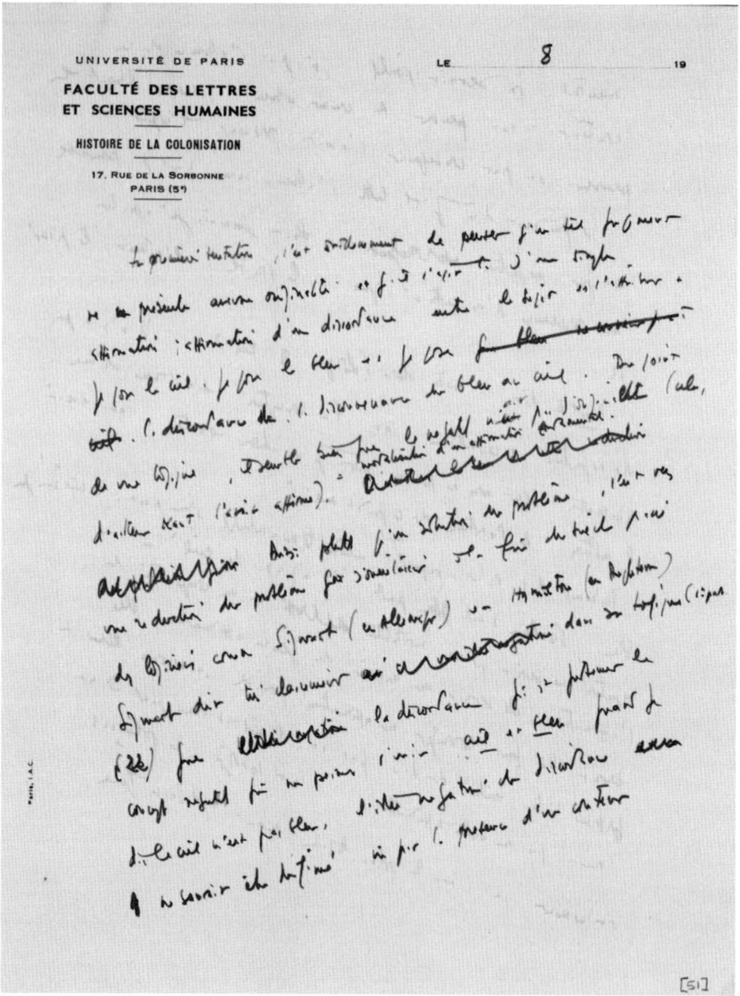

UNIVERSITÉ DE PARIS

FACULTÉ DES LETTRES
ET SCIENCES HUMAINES

HISTOIRE DE LA COLONISATION

17, RUE DE LA SORBONNE
PARIS (5e)

LE 8 19

[51]

Esta pergunta pode ser feita, e de fato foi feita, inicialmente, sob sua forma lógica. Como um juízo negativo é possível? O que estou fazendo quando digo que X não é Y, quando digo "o céu <não> é azul"?[18]

A primeira tentação é evidentemente a de pensar que um tal juízo não apresenta qualquer originalidade e que se trata de uma simples afirmação; afirmação de uma discordância entre o sujeito e o atributo. Eu afirmo [a existência d]o céu, afirmo o azul e afirmo a discordância, o desacordo entre o azul e o céu. Do ponto de vista lógico, parece realmente que o negativo não tem originalidade (Kant afirmou isso, aliás) = modalização de uma afirmação fundamental.

Assim, mais do que para uma solução do problema, é para uma redução dele que se orientavam, no fim do século passado, lógicos como Sigwart (na Alemanha) e Hamilton (na Inglaterra). Sigwart diz muito claramente, em sua *Logik* (1ª parte, § 22), que a discordância, justamente o conceito negativo que nos permite unir *céu* e *azul* quando digo que o céu não é azul, a ideia negativa de discordância não poderia ser definida nem pela presença de um conteúdo mental, que seria positivo, nem pela ausência desse conteúdo, pois pensar A como ausente é inicialmente pensá-lo e, por conseguinte, tê-lo presente no espírito.

Isso quer dizer ao pé da letra que a ausência pura não é pensável e que a negação nunca fez senão afetar uma presença de um certo signo: o possível, o alhures, o passado etc.

Hamilton diz a mesma coisa (*Logik*, III, 216): "Não há negação concebível sem a concepção simultânea de uma

18. Na sequência desse parágrafo, há uma anotação: "Alguns elementos históricos → desenvolvimento das informações sobre tema [*dossier*]."

afirmação, dado que não podemos negar que uma coisa exista sem ter a noção da existência disso que é negado."[19]

Dito de outro modo, nos dois juízos negativos – por um lado, copulativo ou atributivo: "o céu não é azul"; por outro, de existência: "não há céu" –, a negação seria apenas uma modalidade ou uma complicação da afirmação, uma espécie do gênero afirmação. Ela estaria lá para corrigir uma afirmação possível e errônea (se me sentisse tentado a dizer, por exemplo: "o céu é azul quando está cinza") por uma outra afirmação. Por essa razão, Kant, situando-se unicamente aqui, no plano lógico, dizia que: "Do ponto de vista do conteúdo de nosso conhecimento em geral, [...] as proposições negativas têm por função própria simplesmente impedir o erro."[20]

Essa explicação concerne à *forma do juízo negativo* e suas *classificações no gênero dos juízos*, mas, mesmo que ela fosse satisfatória e sua orientação fosse boa, não nos diria nada sobre a *origem da negação*. Como e por que complicamos e modalizamos a afirmação primordial, principal?[21]

É esse *problema de origem* que, em um texto célebre publicado na *Revue Philosophique* em 1906 e retomado em *A evolução criadora* (1907), Bergson busca resolver, em

---

19. William Hamilton, *Lectures on Metaphysics and Logic*, vol. 3, 1860. Original (p. 216): "*Hence it also follows, that there is no negation conceivable without the concomitant conception of an affirmation, for we cannot deny a thing to exist, without having a notion of the existence which is denied.*"

20. Aqui, Derrida parece citar Henri Bergson, que, por sua vez, cita Kant em *L'évolution créatrice* (Paris: Félix Alcan, 1907, p. 312, nota 3): "Kant, *Critique de la raison pure*. 2ª ed., p. 737: 'Do ponto de vista [...] impedir o erro.' *Cf.* Sigwart, *Logik*. 2ª ed., vol. 1, p. 150 ss." No manuscrito, depois da citação, há três palavras entre parênteses riscadas: "(citado por Sigwart)".

21. Na entrelinha, está anotado entre parênteses: "(por que discordância, erro?)"

uma tentativa ao mesmo tempo clássica e revolucionária. Clássica porque ela parte da unidade e da plenitude do ser. Revolucionária na medida em que demonstra que apenas a identificação do ser e da duração permite esse acesso à plenitude do ser e, assim, a solução do problema da negação.

Tentemos *repetir* esse esquema bergsoniano, que é, aliás, fundamentalmente o mesmo que aquele aplicado por ele às ideias de desordem e de possível.

Para conferir uma originalidade e uma seriedade inelutável à negação, é necessário que, de uma certa maneira, ela encontre sua origem em um nada (*néant*), logo, alguma coisa, se não um ser, pelo menos uma presença, uma positividade do nada[22].

Ora, o nada, diz-nos Bergson, é uma *ilusão* confeccionada a partir da ação. Toda ação está[23] em busca de alguma coisa, de um objeto de que se é privado, e ela visa a criar alguma coisa que não existe. Ela supõe, pois, um tipo de irrealidade parcial, mas essa irrealidade não é senão a ausência de uma presença que é buscada[24]. É ao substancializar essa ausência, essa irrealidade parcial, e ao generalizar o conceito que eu fabrico a ilusão do nada.

É portanto dessa ideia de nada que precisamos nos livrar, pois ela foi a força motriz oculta de toda a metafísica clássica. É um tipo de *mito do homo faber* pelo qual se teria, assim, perdido toda a filosofia pré-bergsoniana. Pois, quando se colocam as questões *"de onde vem o fato de negar que alguma coisa existe?"* e *"por que há alguma coisa em vez de nada?"* – que começam por um *"quem sou eu?"* e *"de onde tiro minha essência e minha existência?"* –,

22. No manuscrito, há uma marca de comentário: "↔".
23. Na entrelinha, há uma anotação: "pressuposição".
24. No manuscrito, há uma marca de comentário: "↔".

essas questões presumem o *nada*. Com base nessa *presunção*, a existência aparece como uma conquista sobre o nada. O ser sobrevém ao nada; ele lhe advém posteriormente e por acréscimo. O nada é, diz Bergson, em uma série de imagens, o *receptáculo*, o *tapete*, o *substrato* do ser. E, mesmo ao admitirmos que, *de fato*, o vazio não *preexiste* ao cheio, que em um copo d'água o vazio do copo *que contém* é contemporâneo do cheio de água *contida*, quer-se, no entanto, que *de direito e juridicamente* o vazio preceda o cheio: é necessário que o copo d'água seja inicialmente vazio de direito para que possamos preenchê-lo.

Ainda que, diz Bergson, em outra imagem (sempre muito expressiva, mesmo que <ilegível>[25] não a mencione[26]): "Não posso me desfazer da ideia de que o cheio é um bordado sobre o vazio da tela, que está sobreposto ao nada (*néant*), e que na representação de 'nada' (*rien*) há *menos* do que naquela de "alguma coisa."[27] Todo o *mistério* vem daí.

E, bem, esse *mistério* é uma *mistificação* e a ideia de nada é uma *pseudoideia* que é necessário exorcizar.

O que se faz quando se pretende *representar o nada*?

Bem, pode-se: 1. imaginá-lo; 2 concebê-lo.

Quando pela *imaginação* (no sentido de Bergson <ilegível>[28]) eu nadifico todo objeto exterior ou a totalidade de objetos exteriores possíveis (fechando os olhos...), não percebo mais do que objetos interiores, e, quando,

---

25. No manuscrito, há duas palavras ilegíveis que talvez sejam "seu ponto".

26. No manuscrito, "não a mencione" substitui "não explicado", que está rasurado.

27. H. Bergson, *op. cit.*, p. 299. Itálico presente no original e sublinhado por Derrida. O original termina com a frase (que Derrida parafraseia): "Daí todo o mistério."

28. No manuscrito, há uma palavra ilegível que pode ser "então".

inversamente, nadifico toda imagem interior, não percebo mais do que objetos exteriores.

Diz Bergson:

> A ausência de um consiste, no fundo, na presença do outro. Mas [aqui o truque e o mecanismo da ilusão], disso que dois nadas relativos são imagináveis *alternadamente*, conclui-se de maneira errônea que são imagináveis *conjuntamente*: conclusão cujo absurdo deveria saltar aos olhos, uma vez que não podemos imaginar um nada sem perceber, ao menos de forma confusa, que o imaginamos, isto é, que agimos, que pensamos, e que alguma coisa, por consequência, subsiste ainda.[29]

Imaginação do nada: logo, redução da *sucessão alternativa* à *simultaneidade*.

Mas, se eu não posso *imaginar* o nada, não posso concebê-lo (*cf.* o quiliágono de Descartes)? Pode-se sempre pensar a abolição de um objeto e, se eu estendo essa operação intelectual ao infinito, o nada será o *conceito-limite* de tal operação. Mas é precisamente essa passagem ao limite que Bergson julga intelectualmente contraditória e absurda. A ideia de abolição ou destruição só pode ter por correlata uma parte do todo, e não o próprio todo. A ideia de uma abolição de Tudo apresenta as mesmas características que a do círculo quadrado: não é mais uma ideia, é uma *palavra*. O todo é aquilo que não pode ser abolido, mas é aquilo em que toda abolição parcial é possível. Logo, vazio absoluto não existe. O vazio é sempre o lugar determinado de uma ausência parcial, mas o

---

29. H. Bergson, *op. cit.*, p. 302. Derrida sublinha, anota e omite uma palavra da primeira frase da citação: "[...] na presença <exclusiva> do outro".

objeto ausente é sempre substituído por um objeto presente. No fundo, nunca há no ser destruição ou *abolição*, mas *substituição*. Não há, pois, ausência senão para um ser capaz de *lembrança* – lembrar do objeto substituído por outro e que parece ausente – ou capaz de *espera*, de *desejo*, de *preferência*, logo, de *decepção*. O cheio sucede então sempre ao cheio e sem arrependimento nem desejo, sem nenhuma ausência. "A representação do vazio é sempre uma representação plena, que se resolve pela análise de dois elementos positivos: a ideia, distinta ou confusa, de uma substituição, e o sentimento, experimentado ou imaginado, de um desejo ou de um arrependimento."[30]

Segue-se que, paradoxalmente, o nada (*rien*) não é menos que o todo, o vazio não é menos que o cheio, o objeto *negado* não é menor que a ideia do objeto *posicionado* ou *afirmado*, pois, diz Bergson: "A ideia do objeto 'não existente' é necessariamente a ideia do objeto 'existente', com, *além disso*, a representação de uma exclusão desse objeto pela realidade atual considerada como um todo."[31]

Bergson choca-se aqui com a objeção seguinte, que vai lhe permitir precisar a descrição da gênese desse juízo negativo.

Eis a objeção: sem dúvida, posso apenas, efetivamente, substituir uma coisa por outra na realidade; sem dúvida, o nada *real* é um não sentido (*non-sens*), mas eu não poderia abolir *idealmente* a coisa e pensar seu nada a partir de um juízo *negativo* ao negar o azul do céu ou a existência de tal objeto?

Aos olhos de Bergson, tal hipótese é a fonte de todos os erros porque ela supõe que o *não* é simétrico ao *sim* na possibilidade, logo, que o Nada (*Rien*) é simétrico ao todo.

---

30. H. Bergson, *op. cit.*, p. 307.
31. *Ibid.*, p. 310. Derrida sublinha.

Ora, não é nada disso. Já vimos porque essa simetria era impossível. Eis aqui uma razão suplementar.

A afirmação, diz Bergson, é um ato intelectual *completo*, enquanto a negação não é senão uma afirmação mutilada, não é senão uma metade do ato intelectual que consiste em rejeitar uma afirmação possível sem substituí-la por outra.

Assim, quando digo "essa mesa é preta", percebo isso que afirmo e afirmo isso que percebo. Meu juízo é fundado diretamente em uma percepção.

Quando, ao contrário, eu digo "essa mesa não é branca", não percebo o não branco, a ausência do branco, mas percebo ainda o preto, ou o vermelho, ou o amarelo.

É por isso que se trata de um ato incompleto: eu rejeito uma afirmação (a mesa é branca) sem completá-la e sem dizer o que deveria substituir o juízo falso ou possível...[32]

Não é, pois, sobre a própria mesa que emito um juízo negativo quando digo "a mesa não é branca". Eu o faço sobre um outro juízo[33] que declararia que a mesa é branca. Eu julgo um juízo e não a mesa. Isso permite a Bergson dizer: "A negação difere [...] da afirmação [...] nisso que ela é uma afirmação de *segundo grau*: ela afirma alguma coisa sobre uma afirmação que, ela mesma, afirma alguma coisa sobre um objeto."[34]

Afirmar alguma coisa sobre uma afirmação é, pois, responder, ao menos por antecipação, a uma afirmação que se quer corrigir, subverter, recusar. É por isso que a

---

32. No manuscrito, há uma marca de comentário: "↔".

33. Na entrelinha, há uma anotação que pode ser "possível (virtual)".

34. H. Bergson, *op. cit.*, p. 313. Derrida sublinha e omite algumas palavras.

negação supõe que um diálogo tenha se instituído entre mim e o outro, entre mim e mim mesmo. Bergson não foi o primeiro a assinalar a cumplicidade permanente entre a negatividade e a dialética ao dizer que a negação tem uma função pedagógica e que supõe um *"começo de sociedade"*[35]: ela está aí para ensinar, para denunciar o erro, para alertar, e, se ela é por essência *dialética*, é mais a dialética *do mestre e do discípulo* do que a *do senhor e do escravo*, à qual ela remete.

Mas a sã função pedagógica produz a ilusão quando o formalismo lógico é levado a sério, quando o juízo negativo está situado na simetria do juízo afirmativo, quando as palavras da linguagem convencional são tomadas por coisas e quando a negatividade lógica e discursiva é substancializada e tomada por um nada real, um ser possível do não ser.

A negação é, assim, produto da linguagem, da inteligência, da ação, da sociedade; e diz Bergson: "Suponha abolir tudo isso [...]", acabará também "toda veleidade de negar"[36] – o que é bastante evidente, desde o início. Se não quisermos ver nessa tese bergsoniana o mais trivial e irrisório dos truísmos, não devemos nos esquecer

35. *Ibid.*, p. 312. Derrida sublinha.

36. *Ibid.*, p. 316. Derrida parafraseia a citação original, a saber: "Suponhamos abolida a linguagem, dissolvida a sociedade, atrofiada no homem toda iniciativa intelectual, toda faculdade de se duplicar e de se julgar: a umidade do solo não subsistirá menos, sendo capaz de se inscrever automaticamente na sensação e de enviar uma vaga representação à inteligência atordoada. A inteligência se afirmará ainda, então, em termos implícitos. E, por conseguinte, nem os conceitos distintos, nem as palavras, nem o desejo de espalhar a verdade em torno de si, nem o de melhorar a si mesmo, não eram da própria essência da afirmação. Mas essa inteligência passiva, que enquadra maquinalmente o passo da experiência, que não avança nem retarda com relação ao curso do real, não teria nenhuma veleidade de negar."

de que não suprimimos tudo, e, em particular, o essencial do espírito; em vez disso, suprime-se ou ultrapassa-se a linguagem, a inteligência, a ação. Pelo contrário, toda essa crítica busca restabelecer os direitos da intuição metadiscursiva e a plenitude do ser da duração.

De fato, depois de ter sido reenviado pela pseudoideia do nada à sua origem na negação lógico-discursiva, Bergson retorna ao nada para mostrar que a questão "Por que alguma coisa existe?" não tem sentido. Ora, era essa questão, essa pseudoquestão nascida de uma pseudoideia, que parecia dificultar uma filosofia da duração, visto que ela pressupunha um ser estático, que surgiu de uma só vez, por uma espécie de revolução sobre si mesmo, de um nada que o teria precedido.

Escreve Bergson:

> Essa longa análise era necessária para mostrar que uma realidade que se basta não é necessariamente uma realidade estranha à duração. Se se passa (consciente ou inconscientemente) pela ideia de nada para chegar à do Ser, o Ser ao qual se chegaria é uma essência lógica ou matemática, portanto intemporal. E, desde então, uma concepção estática do real se impõe: tudo parece dado de uma única vez, na eternidade. Mas devemos nos acostumar a pensar o Ser diretamente, sem desviar, sem nos dirigir primeiro ao fantasma do nada, que se interpõe entre ele e nós. É necessário tentar *ver para ver,* e não mais ver para agir. Assim, o absoluto revela-se muito perto de nós e, em certa medida, em nós. Sua essência é psicológica, e não matemática ou lógica. Ele vive conosco. Como nós, mas, de certa forma, infinitamente mais concentrado e mais compactado em si mesmo, *ele dura.*[37]

---

37. H. Bergson, *op. cit.*, p. 323. Derrida sublinha.

O movimento do pensamento bergsoniano significa, em sua força e profundidade, que não é necessário se apressar em ignorar, que a negatividade não tem seu lugar em uma filosofia da intuição e da imediatidade, que sempre é filosofia da plenitude[38]. É sempre pelo discurso que o nada vem ao ser e que o Absoluto se separa de si mesmo. O não ser e o discurso estão interligados, e o Absoluto, visto do ser, só tem, de direito, o silêncio como seu elemento. Assim, como diz Birault em um belíssimo artigo sobre "Heidegger e o pensamento da finitude" (R.I.Ph.), artigo difícil e sutil, mas de uma riqueza enorme, "falar é sempre falar contra Deus" e "o discurso é o verdadeiro começo do ateísmo"[39].

Não se trata, pois, de "criticar" Bergson aqui. E, aliás, *criticar* um filósofo é um gesto lamentável que não tem sentido e que se move necessariamente no espaço da não inteligência. O que se pode fazer aqui é repetir o bergsonismo, colocando, a partir dele, três questões:

1. Pode-se dizer que, sobre o plano do juízo e da linguagem descritiva, a dissimetria entre a afirmação e a negação é a última palavra? E que a simetria é necessariamente rompida em proveito da afirmação, que seria primeira e mais profunda?

2. Seria o discurso, no sentido mais profundo do termo, necessariamente a queda, o acidental de um pensamento voltado para a ação; significado pejorativo que reverbera sobre o sentido da negação?

3. Pode-se determinar, em torno dessa crítica da negação, a essência do Ser absoluto como *psicológica*? "Assim,

38. Na entrelinha, há uma frase acrescentada que pode ser a seguinte: "Quer dizer, afirmação do ser de toda filosofia e, em particular, aquela do valor."

39. Henri Birault, "Heidegger et la pensée de la finitude", in *Revue Internationale de Philosophie*, vol. 14, n. 52 (2), 1960, p. 140.

o absoluto se revela muito perto de nós e, em certa medida, em nós. Sua essência é psicológica [...]."[40]

Para responder a essas três questões, concluiremos na próxima vez, recorrendo:

1. A Lachelier, que critica a pretensa dissimetria lógica de que fala Bergson.

2. A Husserl, que descreve, abaixo da origem psicológica e no âmago do juízo predicativo, uma origem transcendental da negação, e elabora um esquema que se assemelha um pouco ao de Bergson, mas que ≠ <ilegível>[41] ≠ psicológico.

3. A Sartre, que vê na negação um preconceito extremo e liga a negatividade à estrutura do para-si.

4. A Heidegger, enfim, para quem[42] o pensamento do ser supõe a nadificação, na angústia, por exemplo, da totalidade dos entes.

---

40. H. Bergson, *op. cit.*, p. 323.

41. No manuscrito, a palavra ilegível pode ser "predicativo".

42. No manuscrito, as seguintes palavras aparecem rasuradas: "a origem da negação não pode se encontrar em nenhum ente qualquer que seja ele, consciência, para si".

QUARTA AULA

"Pensar é dizer não." (4)

Havíamos chegado então à *terceira e última* grande parte de nossas considerações no momento em que a definição do *sim* axiológico fundamental da fé nos obrigou a nos questionarmos sobre a origem e o sentido da negação. Se o *sim* axiológico da *fé*, tal como havíamos definido com Alain, de fato resiste, como vimos, 1) à dúvida cética e à dúvida metódica na ordem da axiologia especulativa, 2) e mais profundamente ainda ao niilismo prático na ordem da axiologia moral, como vimos igualmente em três etapas, com Platão, Malebranche e Lagneau; se esse *sim*, pois, era tão irredutivelmente primordial, como ele viria a ser dificultado pela negação? E o sim axiológico não era dependente de um *sim* ontológico, apesar de tudo?

Comprometidos com essas questões, fomos conduzidos a definir a posição de lógicos como Sigwart e Hamilton, que, sem colocar a questão da origem, viam na negação, no nível do julgamento constituído, uma simples espécie do gênero afirmação.

A *questão da origem* era colocada verdadeiramente com Bergson, cuja descrição analisamos com minúcia.

Ao final dessa análise, apresentávamos certo número de questões que iremos retomar hoje para concluir.

1[1]: Em primeiro lugar, podemos nos ater à demonstração bergsoniana concernente à *dissimetria* dos juízos afirmativo e negativo? Segundo Bergson, lembrem-se disso, o juízo negativo é um juízo *incompleto, secundário* e *dialético*:

- *incompleto,* porque diz o que uma coisa não é sem dizer o que ela é;
- *secundário,* uma vez que se refere a um juízo afirmativo que ele rejeita e não a um objeto que ele qualifica[2];
- *dialético,* porque tem uma função pedagógica e social de denúncia ou de aviso diante do erro do outro, que é assim considerado culpado.

Ora, temos o direito de nos perguntar se, no que concerne ao *juízo,* à atitude predicativa, à atitude daquele que diz "isto é aquilo" ou "isto não é aquilo", não se podem descobrir as mesmas características de *incompletude,* de *ser secundário* e de *ser dialético* no juízo afirmativo, de modo que a simetria seja assim recuperada.

É o que pensam particularmente pessoas como Lachelier e Goblot. Quando eu digo "a mesa é branca", experimento a necessidade não apenas de a perceber ingenuamente e para mim, mas também de dizer algo sobre ela, de enunciar um juízo. E isso porque implicitamente eu experimento a possibilidade de um juízo negativo simétrico. Se digo "a mesa é branca", não é apenas porque

1. No manuscrito, essa enumeração não tem prosseguimento.

2. No manuscrito, há a seguinte anotação: "juízo → juízo / ainda → <ilegível>".

a vejo como tal, mas porque *nós* (*on*) poderíamos dizer o contrário. Esse "*nós*" poderia ser qualquer um, um sujeito em geral, o discípulo do qual falamos na semana passada, ou eu mesmo, um momento antes, um momento depois...

O *juízo* afirmativo, na medida em que é uma linguagem, está, desde sua enunciação mais primária e espontânea[3], em situação de diálogo. Ele é, como todo juízo, uma *proposição*, algo que se coloca de antemão (*qu'on pose en avant*), que se propõe (*qu'on met avant*), que aproximamos (*qu'on avance*) de um outro que poderá apreciar, isto é, de um outro de quem já suponho que pode dizer ou querer dizer o contrário. Um juízo afirmativo é sempre uma *tese*, e eu não experimentaria a necessidade de enunciá-la, de formulá-la, se não a fizesse *contra* seu contrário, contra sua constatação possível, contra uma *antítese* que rasuro precisamente no juízo afirmativo. Vejam vocês que a referência ao juízo negativo também assombra o juízo afirmativo e sempre suspende sua tese à hipótese de uma constatação. Assim, pode-se dizer do juízo afirmativo o que Bergson dizia do juízo negativo: ele é tanto sobre um juízo possível quanto sobre um objeto. É, pois, igualmente secundário e dialético quanto o é um juízo negativo. No fundo, as características definidas por Bergson são aquelas da atitude judicativa em geral e da linguagem objetiva em geral.

O princípio dessa inversão encontra-se, como eu dizia há um instante, em Lachelier. Ele vai além e ataca a crítica da própria ideia de nada que fazia parte da descrição bergsoniana do juízo negativo.

---

3. No manuscrito, a palavra "espontânea" (*primesautière*) foi posteriormente circulada e parece ter sido colocada uma seta após a palavra "enunciação".

Com efeito, de duas coisas, uma, diz ele[4], em uma observação sumária do dicionário Lalande[5], que explicitarei aqui: ou bem o espírito e o pensamento são alguma coisa ou eles nada são. Se não são nada, caso encerrado, a negação de um existente ou da totalidade dos existentes não é senão um sonho, um tipo de fantasia "heroica" por meio da qual tentarei me dar uma semidivindade[6], *descriando* (*en décréant*), de maneira ilusória e irrisória, pela imagem ou pelo conceito vazio, uma existência que se dá muito bem sem mim[7]. Tratar-se-ia de um tipo de alucinação *às avessas*, em que eu acreditaria poder me privar do real, em vez da simples alucinação que consiste em se dar o imaginário.

Mas, se o espírito e o pensamento são alguma coisa (e Bergson o negaria menos que qualquer outro), é necessário levá-los a sério quando eles recusam ou se abstêm de afirmar a existência. Sua liberdade filosófica está em jogo, e o ser do espírito é a liberdade.

Eis o que escreve Lachelier:

> Se o espírito e o pensamento são alguma coisa e se *existir* é ser afirmado pelo espírito, o espírito pode, com a mesma liberdade, afirmar um ser qualquer ou se recusar a afirmar o que quer que seja (ou, pelo menos, conceber-se por abstração como não afirmando nada, conceber sua própria liberdade fora de todo exercício atual dessa liberdade). A observação de Bergson é singularmente

4. André Lalande, *Vocabulaire technique et critique de la philosophie*. 6ª ed. Paris: PUF, 1950. A passagem de Jules Lachelier citada por Derrida aparece no verbete "Nada" do dicionário.

5. Derrida põe as palavras "dicionário Lalande" entre parênteses.

6. Na entrelinha, acima de "semi-" (*demi-*), acrescentou-se "pseudo".

7. Na margem do manuscrito, há uma anotação que talvez seja: "O ser não se movimenta por nossa negação."

profunda e perfeitamente justa do ponto de vista de seu realismo; mas ela se volta contra esse mesmo realismo. A ideia do nada implica e verifica a da "liberdade" (no meu sentido dessa palavra, não no seu).[8]

Retornemos a este texto.

Se o espírito e o pensamento são alguma coisa e se...

1.[9] *existir é ser afirmado pelo espírito*. Dizer que existir é ser afirmado pelo espírito – tese espiritualista, é preciso que se diga – não quer dizer, o que seria bastante ingênuo, que a existência depende *em sua realidade, em sua carne*, em sua existencialidade, de uma decisão criadora do espírito. Existir é ser afirmado pelo espírito: isso quer dizer que a existência não pode ser reconhecida em seu sentido de existência, ser afirmada *como* existente, como tal – existe "como tal" –, a não ser por um ato do espírito. Essa mesa existe de fato por si, sem que nenhum ato do espírito a afirme em seu ser, e é justamente isso que quer dizer *existir*. Mas ela não pode ter sua significação de existente, ser *dita* existir, senão por um ato do espírito sem o qual sua existência jamais apareceria e não fundaria nenhum *logos* e nenhuma filosofia. Ora, esse ato, para que o espírito seja, como acabamos de ver, por ele *responsável*, deve ser livre. Se ele é livre, é que pode tanto afirmar como não afirmar a existência em algo como uma *epoché* (tanto no sentido cético quanto fenomenológico da palavra), essa *epoché* revelando a possibilidade mais elevada, isto é, a mais elevada liberdade de espírito.

É por essa razão que Lachelier escreve: "se existir é ser afirmado pelo espírito, o espírito pode, com *a mes-*

8. A. Lalande, *op. cit.*

9. No manuscrito, essa numeração não tem prosseguimento.

ma[10] *liberdade*, afirmar um ser qualquer ou se recusar a afirmar o que quer que seja (ou, pelo menos, conceber-se por abstração como não afirmando nada, conceber sua própria liberdade fora de todo exercício atual dessa liberdade)". No fundo, a imaginação pela qual eu retiro de alguma coisa sua significação de presença ou de existência – vimos com Sartre –, a imaginação pela qual eu posso, no limite, suspender a tese da existência a respeito da totalidade do mundo, essa imaginação, essa fantasia, é a verdadeira seriedade do espírito, que aparece desse modo a si mesmo no sentido, original e autêntico, de seu poder. É, pois, pela negação ou pelo pensamento do nada que o espírito autentica a si mesmo como liberdade. Liberdade negadora sem a qual – e eis o que é importante – a própria afirmação seria impossível e sem valor. Quando digo "a mesa é branca", não realizo um gesto "natural", que seria um reflexo condicionado, um desejo do corpo ou o prolongamento de uma simples percepção fisiológica. Para que meu juízo afirmativo tenha um valor de verdade, é necessário que eu tenha sido livre para escolhê-la e que tenha estado à altura de dizer outra coisa que não aquela que eu disse. Isso para um julgamento atributivo.

O mesmo se dá para o juízo de existência quando digo que a mesa existe. Se digo "a mesa existe", suponho que eu poderia pensar e afirmar a não existência da mesa. Bergson tinha utilizado de uma maneira estranha a crítica kantiana do argumento ontológico, pretendendo se apoiar de algum modo em Kant: afirmar A como existente ou como não existente não muda nada para o conceito de A (para sua definição)[11]. Logo, pensar A como

---

10. No manuscrito, Derrida sublinha a palavra "mesma" várias vezes.

11. No manuscrito, há uma marca de comentário: "↔".

não existente é a mesma coisa que pensá-lo como existente. Eu não penso outra coisa senão A quando refuto a existência de A. Logo, a negação, ou "nadificação", é ilusória, já que pensar é pensar no existente. Trata-se de uma curiosa interpretação do kantismo, que leva, por fim, a uma posição radicalmente oposta à de Kant e a incluir a existência no conceito, argumentando que a não existência não o modifica. Ora, para Kant, precisamente, nem a existência nem a não existência estão no conceito e ambas requerem dois atos de posição ou de não posição absolutamente originários e extralógicos.

Então, quando Lachelier diz que Bergson tem razão do ponto de vista de seu realismo, mas que a crítica da ideia do nada se volta contra esse realismo, ele quer dizer o seguinte: sem dúvida, é coerente com um realismo dizer que todo pensamento deve ser primeiro uma intuição do existente e que o ser é sempre *inegável*, mas essa tese se volta contra o realismo, na medida em que ela não considera a liberdade. Pois é apenas a partir dessa liberdade, como vimos, que a afirmação do ser e de sua "inegabilidade" adquire valor e sentido. Volta-se à ideia de Lagneau e à dependência da afirmação ontológica do ser em relação à afirmação axiológica do valor. O verdadeiro realismo, isto é, o realismo filosófico, aquele que é *pensado, crítico*, e não ingênuo ou animal, supõe, com respeito à totalidade do ser, uma liberdade, logo, um poder de negação. Isso permite a Lachelier concluir que "A ideia do nada implica e verifica a da 'liberdade'", completando: "no meu sentido da palavra, e não no sentido de Bergson"[12].

Porque, certamente, para Bergson, a liberdade não é essa possibilidade abstrata de escolher entre contrários

12. Derrida muda a citação original, que é: "(no meu sentido dessa palavra, não no seu)".

que ele critica na última parte de *Ensaios sobre os dados imediatos da consciência*[13], mas os tornar <ilegível>[14] na duração pura, concreta e vivida.

Vê-se bem como Bergson escaparia a essa crítica de Lachelier: seria concedendo que, no nível do juízo e da linguagem – no sentido mais profundo da palavra –, ainda há simetria entre o *sim* e o *não*, mas que, na medida em que todo juízo e toda linguagem retornam sempre, como *último recurso*, a uma percepção antepredicativa e silenciosa, a simetria é ainda rompida em proveito de uma afirmação primordial. Notem bem que ele não o faz explicitamente: toda a sua análise se desenvolve no plano do juízo, e é a prioridade do juízo e da linguagem afirmativa que ele pretende demonstrar.

Goblot, de sua parte, o faz quando, em seu *Traité de logique* [Tratado de lógica], começa tomando para si a crítica de Lachelier e depois conclui que é a *percepção*, e não o *juízo*, que contém essa irredutível e primitiva *asserção*.

Eis o que ele escreve na página 167 de seu tratado:

> Notemos primeiro que os juízos afirmativos podem também se anunciar por meio de uma fórmula modal: "Terias errado em negar ou duvidar que..." O caráter dialético e polêmico – "pedagógico e social", diz Bergson – dos juízos negativos pertence também a muitos juízos afirmativos. A afirmação pode ser um protesto contra uma negação possível; ela pode também "visar a alguém e não a alguma coisa".
>
> *É necessário colocar a distinção em outro lugar*[15]. Ou bem o juízo, afirmativo ou negativo, é a resposta a uma

---

13. H. Bergson, *Essai sur les données immédiates de la conscience*. Paris: PUF, 1948 [1927].

14. No manuscrito, há uma palavra ilegível que pode ser "outro[s]".

15. Derrida sublinha.

> interrogação, o resultado de um exame, o encerramento de um debate, o fim de uma dúvida. Nesse caso, o *sim* supõe a possibilidade do *não*, como o *não* a possibilidade do *sim*. Ou bem o juízo se faz imediatamente, sem dúvida nem exame anterior; ele não é uma *"resposta"*[16], mas uma informação que sobrevém e que não era solicitada. Logo, ele só pode ser afirmativo. É o caso da asserção implicada em toda percepção.[17]

O que é incômodo em Goblot é que ele ainda faz <d>a percepção um tipo de juízo em virtude de um intelectualismo bem clássico. Isso se arrisca a não ser muito coerente, pois todo juízo, perceptivo ou não, já rompeu com a imediatidade da asserção primitiva – ainda que seja necessário ir <ilegível>[18] aquém do juízo para poder dar a essa tese toda a sua força. Veremos então que, mesmo que finalmente o sim ainda ocorra primeiro, já há, de todo modo, negação possível antes do juízo e da linguagem.

É o que mostra Husserl no § 21 de *Erfahrung und Urteil* [Experiência e juízo][19]. Trata-se de um livro redigido por um de seus discípulos, Landgrebe, a partir de um manuscrito datado de 1919, em uma elaboração feita sob a direção atenta do próprio autor até 1938.

A descrição de Husserl, cujas conclusões, em linhas gerais, podem concordar com as de Bergson, tem sobre a do segundo duas vantagens.

---

16. Derrida sublinha e completa com aspas.

17. Edmond Goblot, *Traité de logique*. Paris: Librairie Armand Colin, 1918, p. 167.

18. No manuscrito, há uma palavra ilegível que pode ser "resolutamente".

19. Edmund Husserl, *Erfahrung und Urteil: Untersuchungen zur Genealogie der Logik*. Hamburgo: Claassen und Goverts, 1948.

1. Ela desce até a profundidade da experiência antepredicativa que funda o juízo[20].

2. Ainda que recorra assim à *decepção*[21], ela não é uma análise psicológica, mas transcendental. Para Husserl, o psicológico, como vocês sabem, não é, como o é para Bergson, a referência derradeira e a realidade última. O psicológico é o intramundano constituído por um sujeito transcendental e "reduzido" pela *epoché*. Aqui, a análise husserliana está livre dessa metafísica ou dessa presunção especulativa que, na crítica bergsoniana da negação, faz do psicológico o ser mais profundo, a própria essência do real. Vocês se lembram do texto citado a esse respeito.

Para Husserl, todo juízo é o produto de uma atividade segunda. O solo último do juízo é uma crença passiva, uma adesão pré-judicativa, logo, pré-crítica, ingênua em relação às coisas que nos são sempre pré-dadas de alguma forma. Essa crença, essa adesão passiva e ingênua ao mundo pré-dado, Husserl a chama de *doxa*. Sem ter, como na filosofia grega, um sentido pejorativo, ela significa, entretanto, como na filosofia grega e como, em particular, em Platão, por oposição à episteme (*épistémè*), a adesão pré-julgadora, pré-lógica, pré-epistemológica ao que aparece, ao que me é dado. Seguramente, em Platão → sombra. Em Husserl, não há metafísica. É o próprio ente que me é assim pré-dado antes mesmo que eu o julgue e que eu diga "*isto* é *aquilo*". Antes mesmo de refletir e de julgar, eu sei que o mundo está aí, que há coisas que existem fora de mim e que é a este mundo pré-dado que toda afirmação, toda verdade, toda ciência remetem. É à

20. No manuscrito, há uma anotação enquadrada por traços: "Goblot e Bergson <ilegível> percepção".

21. No manuscrito, as palavras "e à dúvida" aparecem rasuradas.

doxa que toda *episteme* (*épistémê*) remete. O pré-dado vivido antes do juízo é o peso das coisas no "mundo da vida" e, portanto, a medida e a seriedade (*sérieux*) de toda enunciação filosófica ou científica; esse *sim* pré-judicativo é, pois, uma primeira e irredutível certeza que escapa, enquanto tal, a toda negatividade. Em particular, toda alucinação e toda imaginação supõem, de direito, essa certeza dóxica do que é sempre pré-dado na percepção. Vejam como estamos longe da crítica da crença de Alain – aliás, sem que haja aqui necessariamente contradição entre Alain e Husserl. A crença de Alain era definida a partir do juízo, como um juízo precipitado, como linguagem imprudente e ingênua sobre a aparência. Sua crença era um juízo, um *pré-juízo*[22], isto é, um "juízo antecipado", por meio de pré-suposição/"pré-sunção" (*pré-somption*), enquanto a doxa originária em Husserl é pré-judicação, isto é, condiciona e precede o juízo; ela é o pré-dado sobre o qual a atividade lógica do juízo vai operar.

Pois bem. Como a negação vai aparecer sobre o solo dessa *doxa* passiva? Como essa atitude primeira vai se modificar em negação?[23] Aqui, assim como em Bergson, por alguma coisa como uma "decepção de expectativa", p. 94[24]: "O interesse perceptivo dirigido ao objeto pode persistir [perdurar]; o objeto pode ser observado mais longamente; ele continua a ser dado de modo a poder ser observado; e, no entanto, no lugar de preenchimento de

22. Na margem do manuscrito, Derrida anota e sublinha "do gênero", que ele liga por um traço a "pré-juízo", no corpo do texto.

23. No manuscrito, Derrida anota e sublinha: "Não por passagem em juízo."

24. Derrida indica a paginação alemã de *Erfahrung und Urteil;* o livro ainda não tinha sido traduzido para o francês na época. O próprio Derrida traduz o texto.

intenções de expectativa, sobrevém a *decepção*."[25] Husserl usa o seguinte exemplo: uma bola percebida como uniformemente vermelha[26]. A percepção dá, e constitui, a partir de significações atualmente percebidas, intenções de expectativa (*attente*).

Isto é, eu antecipo, a partir do que vejo, o que eu não vejo e viso "no vazio", a parte oculta da bola, como sendo ela também uniformemente vermelha. Isso antes de ter julgado, não é? Antes mesmo de dizer "o todo da bola é vermelho". Nesse momento[27], minha expectativa se decepciona, as costas da bola não são vermelhas, mas verdes, não são uniformes, mas irregulares. Continuo a perceber a bola como uma única e mesma bola e a unidade do processo intencional não é interrompida. Ainda sou eu quem percebe a *mesma* bola. Mas essa unidade de sentido comporta em si mesma uma rasura parcial que a perturba em certa medida. Ela comporta um "não isto, mas aquilo; não assim, mas de outro jeito". O vermelho que eu antecipava, que eu esperava, sempre é uma significação que compõe, presente em uma percepção atual, mas presente com um índice de "nulidade", de "invalidade". Isso não é possível senão sob o fundo da temporalização tal como descrita por Husserl, como uma dialética intencional de protensão e retenção. O *agora* é sempre uma tensão entre, de um lado, o agora passado, que acaba justamente de passar e que é retido – pois, se não fosse retido, não poderíamos perceber a originalidade do agora, sua atualidade em relação ao passado –, e, de ou-

25. E. Husserl, *op. cit.*

26. Na entrelinha do manuscrito, há uma anotação entre parênteses que provavelmente é a seguinte: "(sobre sua face iluminada)".

27. Na entrelinha do manuscrito, há uma anotação: "minha percepção se estendendo →".

tro lado, o *agora* que se anuncia, que se antecipa por meio de uma protensão. E então o sentido da expectativa antecipadora do vermelho é aqui mantido, retido como expectativa frustrada, decepcionada, "vencida", diz Husserl (*Aufhebung*). Tanto que o *verde* e as *irregularidades* percebidas são também afetadas por uma significação do tipo "polêmica" ou "contraditória". Ela é isso que *suplantou* a qualidade pré-vista. (Temporalidade não em Alain, nem em Bergson.)

Essa descrição, mesmo sobre um exemplo de objeto exterior, poderia ser conduzida de modo análogo a propósito de qualquer objeto. Ela mostra, em todo caso, que a "negação não é em primeiro lugar o fato de um julgamento predicativo, mas, na sua forma originária, já se apresenta na esfera antepredicativa da experiência receptiva"[28].

A negação é, pois, anterior ao juízo – afirmativo ou negativo –, o que nos permite resolver as dificuldades anteriores (conflito Lachelier-Bergson-Goblot), mas posterior à certeza dóxica, a um tipo de afirmação passiva originária que ela não <ilegível>[29], mas modifica, isso que nos permite compreender a verdadeira significação do primado do *sim* sobre o *não*.

Husserl escreve, com efeito, que a negação é "sempre uma rasura [*rature*] parcial sobre o solo de uma certeza dóxica que *se mantém*, e, em última instância, sobre o solo da *crença universal no mundo*"[30].

Os resultados dessa análise husserliana ligam-se aos da crítica bergsoniana:

---

28. E. Husserl, *op. cit.*, p. 97.

29. No manuscrito, há uma palavra ilegível que pode ser "ratifica" (*entérine*).

30. E. Husserl, *op. cit.*, p. 98. Derrida sublinha.

1) no fato de que eles não dão nenhum lugar a um *nada*, a alguma positividade do nada, ainda menos a alguma prioridade do nada;

2) no fato de que eles apelam a uma experiência – aqui, experiência intencional – da decepção.

Mas eles vão além da análise bergsoniana, na medida em que:

1) sob o risco de me repetir, ressalto que a análise não é psicológica;

2) *sobretudo* o sentido do *negado* é *objetivo*; ele não é uma ilusão subjetiva. Isso porque a análise da subjetividade, em Husserl, é muito mais fina e diferenciada;

3) experiência negativa (recusa, raiva – indiferença).

O que isso quer dizer? Que o sentido do que é *negado*, ou do que é *anulado, rasurado*, é *objetivo*? Entendamos bem. Seguramente, ele não está no objeto real[31], na bola vermelha e verde que é efetivamente plenitude de ser. Ele não está, pois, no mundo. Mas tampouco está em mim, como componente real (*réelle*) de minha subjetividade, uma vez que em mim há somente uma série de atos noéticos possíveis. Mas ele está naquilo que Husserl chama de *noema*, que é o objeto enquanto *visado*, enquanto objeto que me aparece. Ora, esse noema não é nem 1) a própria coisa, em sua carne e enquanto ele existe fora de mim, no mundo, nem 2) um componente real (*réelle*) de minha consciência, uma vez que é objeto para

31. No original, "*réel* (real)". Aqui, Derrida mobiliza uma distinção husserliana clássica e de longa fortuna crítica entre *real* e *reell* (termos alemães). Essa distinção pode ser sumariamente entendida como a diferença de conteúdo "real" antes e depois da redução fenomenológica. No primeiro momento, o aparente é tomado como real; no segundo, é o ideal – após a redução – que é tomado como "real". Essa distinção e o uso de termos análogos foram assimilados pelo francês, sobretudo pela tradição fenomenológica francesa. [N. do T.]

minha consciência. *O noema é um componente intencional e não real (réelle) da consciência*, diz Husserl. Ora, lembremo-nos de que o mesmo conflito da bola vermelha e verde *retém*, a título de um tipo de sedimentação, o sentido da decepção a partir da qual ele foi constituído. O verde e a irregularidade não são os mesmos com ou sem a decepção que os precedeu. Depois da decepção, eles são verde e irregularidade sob o fundo de, sob a rasura do vermelho e da uniformidade aguardada e antecipada. Essa negatividade assombra seus sentidos e faz parte do próprio noema. E não há nenhuma contradição aqui, uma vez que o noema não é *nada* de real (*réel*), já que é um sentido (negatividade do sentido e do objeto). Mas esse *nada* (*rien*) tem um valor objetivo. E se poderia reconsiderar, à luz – recorrente – dessa análise, o famoso § 49 das *Ideias*[32], referente ao aniquilamento (*anéantissement*) da totalidade do mundo. (Espero que possamos fazê-lo até o fim do ano.)

Quando se vai até o fim dessa análise husserliana, tem-se dificuldade de compreender as quatro contestações que Sartre, em seu muito brilhante e muito interessante capítulo sobre "A origem da negação", em *O ser e o nada* (capítulo sobre o qual eu poderia apenas propor a vocês algumas chaves, mas do qual eu recomendo enfaticamente a leitura), tem-se dificuldade de compreender essas contestações que Sartre, como eu dizia, dirige a Husserl sobre dois pontos.

---

32. E. Husserl, "La conscience absolue comme résidu de l'anéantissement du monde", in *Idées directrices pour une phénoménologie et une philosophie phénoménologique pures*. Trad. Paul Ricœur. Paris: Gallimard, 1950, § 49, pp. 160-4. [Na tradução brasileira de Márcio Suzuki, "A consciência absoluta como resíduo do aniquilamento do mundo", in *Ideias para uma fenomenologia pura e para uma filosofia fenomenológica*. São Paulo: Ideias e Letras, 2018, pp. 114-6.]

1) Depois de haver mostrado, de início, que, sem nenhuma dúvida, não haveria negação e não ser sem uma expectativa e um *projeto* da consciência (isso, de certo modo, é uma evidência axiomática que nenhum filósofo contestará), Sartre completa que, para tanto, os não seres não devem ser reduzidos a puros fantasmas subjetivos – o que também acabamos de ver. Ora, Sartre faz do noema husserliano um fantasma desse tipo e acusa, de algum modo, Husserl do pecado bergsoniano. Eis o que ele escreve (p. 41):

> Seria, pois, vão negar que a negação apareça sob o fundo primitivo de uma relação do homem com o mundo; o mundo não descobre seus não seres, a quem não os colocou inicialmente como possibilidades. Mas daí dizer que esses não seres devem ser reduzidos à pura subjetividade? Daí dizer que se lhes deve dar a importância e o tipo de existência do "*lekton*" estoico, do noema husserliano? Não cremos nisso.[33]

Sartre não leva em conta a insistência de Husserl ao sublinhar que o noema não faz realmente parte da consciência[34].

Segue-se daí que 2) ele põe Husserl sob a suspeita de uma "ilusão coisista (*chosiste*)" (expressão de Sartre, p. 63). Ilusão coisista que consistiria em fazer da intenção "vazia" ou "cheia", que acabamos de descrever, algo como um *recipiente* (vazio ou cheio). Diz ele:

> As intenções são naturezas psíquicas [aqui é ele, e não Husserl, que fala, equivocadamente, a linguagem da

33. Jean-Paul Sartre, *L'être et le éant*. Paris: Gallimard, 1953, pp. 41-2.

34. No manuscrito, Derrida anota: "[o] não ser, nem no mundo nem na consciência, na relação, *transição* (Sartre, aliás, o diz)".

psicologia], e seria um erro considerá-las à maneira das coisas, isto é, como recipientes que seriam inicialmente dados, que poderiam ser, segundo o caso, vazios ou preenchidos, e que seriam por natureza indiferentes ao seu estado de vazio ou de preenchido. Parece que Husserl nem sempre escapou a essa ilusão coisista.[35]

Ora, é preciso dizer, nada é mais estranho a Husserl que essa intenção-recipiente. A intenção é para ele um *ato* e não um continente (não devemos esquecer que a intencionalidade é primeiro uma obsessão husserliana e a denúncia de conteúdos) e sofre um ato, isto é, uma *noese*, que *não existe nunca* antes ou sem seu correlato objetivo e noemático[36].

Dito isso, Sartre propõe-nos as descrições mais finas da origem da negação. Ele insiste bastante e muito concretamente sobre o caráter pré-judicativo de toda expressão negativa e sobre a origem não judicativa da negação (isso sem citar *Erfahrung und Urteil*, que não conhecíamos na França na época, creio eu...). Ele mostra também que é (cito) "sobre o fundo de uma familiaridade pré-interrogativa com o ser [que] aguardo desse ser um desvelamento de seu ser ou de sua maneira de ser. A resposta será um *sim* ou um *não*"[37].[38]

Assim, a atitude interrogativa e, por consequência, negativa não está necessariamente em situação de diálogo interrogativo. Posso, do mesmo modo, interrogar meu motor em pane, aguardar uma resposta da vela, do carburador etc.

---

35. J.-P. Sartre, *op. cit.*, p. 63.

36. No manuscrito, há uma marca de comentário: "↔".

37. J.-P. Sartre, *op. cit.*, p. 39. Derrida sublinha.

38. No manuscrito, depois da citação, Derrida anota e sublinha a palavra "doxa".

O não ser, se é portanto ligado a um projeto interrogativo, não existe *em si*. O ser em si nunca admite nele próprio o nada. Ele é absolutamente pleno e indestrutível. A destruição e a fragilidade, por exemplo, vêm ao ser sempre pelo homem, são significações projetadas, sem ser ilusões negativas. O mesmo se dá para toda ausência, cuja percepção é constituída por uma dupla *nadificação*: 1) nadificação de um *fundo* e do mundo em seu conjunto para perceber a forma de uma ausência determinada (Pierre ausente neste café[39]); 2) nadificação da *forma* (forma de Pierre aguardado e atrasado, que é um nada na plenitude do café e do mundo). (Ler p. 45?)

O nada não está, pois, no ser; ele não é tampouco coisa do ser. Seu modo de ser é o *assombramento*, presença-ausência; é necessário que o nada assombre o ser para que a negação seja possível. Mas como o nada não é, isto é, não é em si, ele é *nadificado*, ele *era* (*est été*), diz Sartre[40], pelo para-si. É necessário, então, perguntar-se o que deve ser o para-si para que a nadificação da totalidade do mundo seja possível para ele. Infelizmente, não temos aqui o tempo de continuar com Sartre nessa interrogação. Esse poder de nadificação define o para-si como liberdade, e é na angústia – angústia que Sartre descreve ao seguir e reconciliar Kierkegaard e Heidegger (aqui seria necessário também colocar algumas questões a Sartre) –, é na angústia, "apreensão reflexiva da liberdade por ela mesma"[41], que eu me apreendo simultaneamente como totalmente livre – já que eu constituo o mundo em totalidade ao ultrapassá-lo por meio de meu poder de

39. Exemplo dado por Sartre em *L'être et le néant*, *op. cit.*, 1ª parte, cap. 1, II ("Les négations"), pp. 44-5.

40. J.-P. Sartre, *op. cit.*, p. 58.

41. *Ibid.*, p. 77.

nadificação – e como (cito) "não podendo fazer senão com que o sentido do mundo lhe venha por mim"[42]. Angústia a partir da qual a questão "por que há alguma coisa em vez de nada?" pode se colocar[43]; angústia da qual não posso fugir, porque o projeto de fuga supõe que eu esbarre nela no momento em que dela fujo. É o que chamamos de "má-fé", noção que Sartre examina no capítulo seguinte.

Notemos, para concluir, que Heidegger foi citado de passagem e integrado – depois de certa ajuda e críticas – à proposta sartriana. Ora, é provável que Heidegger, se nos referirmos simplesmente ao seu *Que é metafísica?* (logo, a uma de suas primeiras posições, e eu convido vocês a ler também esse texto pequeno e bem denso. Tradução de Corbin, 1938[44]), teria recusado essa análise, como também a de Husserl, aliás. Isso pela razão seguinte, da qual indico simplesmente o princípio. Apesar de todo o progresso das análises husserlianas e sartrianas sobre as análises anteriores acerca da origem da negação e do "nada", elas situam, como último recurso, essa origem no projeto ou na intencionalidade de um ente a que chamamos consciência, ego transcendental para Husserl, para-si e liberdade para Sartre. Ora, um ente entre outros, um tipo de ente entre outros – fossem eles sujeitos ou para-si –, não pode ser responsável pela nadificação da totalidade do ente, já que, por hipótese, excluiu-se dela. A mais compreensiva redução fenomenológica, a mais extensa, a angústia mais profunda são sempre, nesses casos, inaptas a nadificar a totalidade do

42. *Ibid.*

43. Derrida parafraseia Sartre, que lê Heidegger em *L'être et le néant*, *op. cit.*, p. 53.

44. Martin Heidegger, *Qu'est-ce que la métaphysique?*. Trad. Henry Corbin. Paris: Gallimard, 1938.

mundo, a totalidade dos entes, a totalidade das regiões do ser, o homem, o para-si, inclusive a consciência[45]. É necessário, pois, ultrapassar essa oposição consciência-mundo, para-si/em-si, muito marcada pela oposição tradicional sujeito-objeto, para compreender o nada como nadificação da totalidade dos entes. Nadificação da totalidade dos entes <ilegível>[46] a partir da qual o ser do ente pode aparecer e a partir da qual a questão "por que há o ser em vez de nada?" pode surgir. Notemos por que a angústia heideggeriana não pode ser aquela de Sartre e talvez também por que Heidegger acabou por abandonar o tema, pois ele ainda faz muita referência ao homem ou à consciência, guardiã do ser e sentinela do nada (*cf.* aqui vigilância heideggeriana e vigilância de Alain).

A isso Husserl e Sartre sem dúvida responderiam que o sujeito transcendental e o para-si não são entes porque não estão no mundo como objetos[47]. Certamente. É também por isso que Heidegger se recusa a, cada vez mais, partir seja do ser, seja do ente, e prefere partir da *"diferença* entre o ser e o ente", que ele chama de *diferença* ôntico-ontológica. Essa diferença[48], pela qual o ser se mostra ao se ocultar [*furtivamente*] no ente: eis o que, ao final de nosso longo, embora bem curto, itinerário, e que era mais uma regressão, nos permite entender verdadeiramente Alain quando ele diz que "pensar é dizer não".

---

45. Na entrelinha, há uma palavra anotada que pode ser "região".

46. No manuscrito, há duas palavras ilegíveis; uma é sem dúvida "ente". O lugar dessas palavras ilegíveis, anotadas na entrelinha, é incerto. Elas poderiam aparecer depois da primeira palavra da frase, "nadificação".

47. Na entrelinha, uma frase está anotada: "Região, mas região privilegiada – *mal-entendido* = ponto de negação."

48. Na entrelinha, há uma anotação: "diferença (*différence*): <uma palavra ilegível que pode ser 'liame' (*lien*)> e nada da negação".

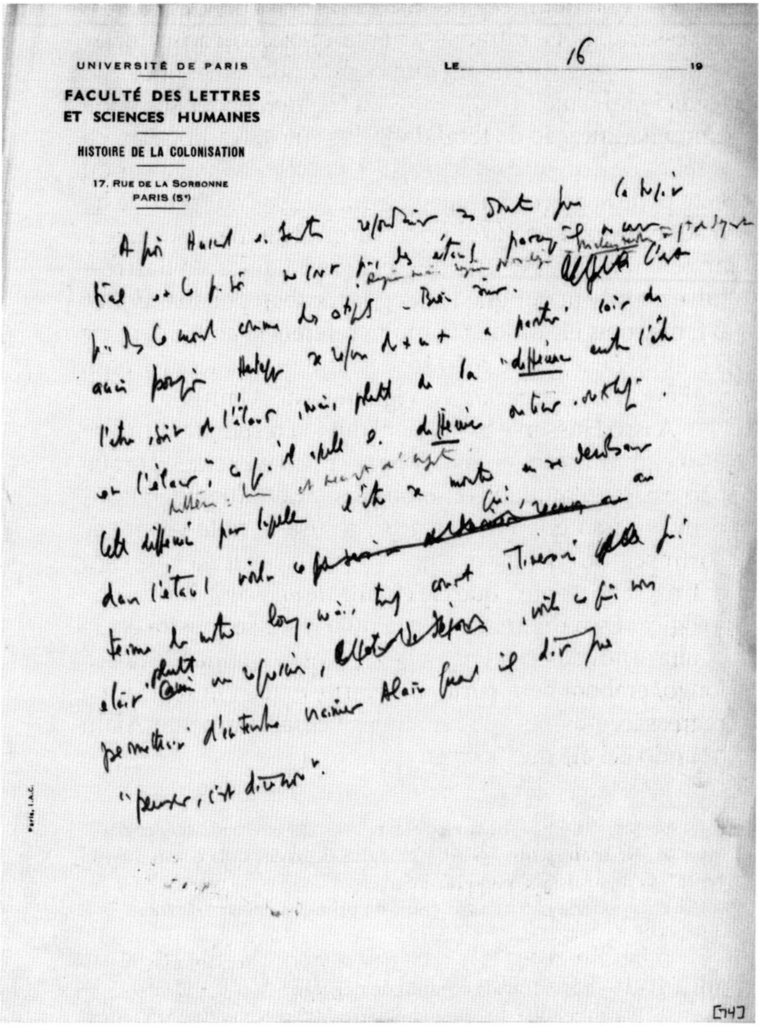
UNIVERSITÉ DE PARIS

FACULTÉ DES LETTRES
ET SCIENCES HUMAINES

HISTOIRE DE LA COLONISATION

17. RUE DE LA SORBONNE
PARIS (5e)

LE 16 19

"penser, c'est distinguer".

Paris, I.A.C.

[74]

APÊNDICES

Ficha 1[1]

Por que a angústia sartriana não pode ser "metafísica" (ontologia em geral).
Cf. fim de *O ser e o nada*. Passagem ontologia – metafísica.

1. A ordem das fichas aqui apresentadas segue a organização do Fundo Jacques Derrida do *Critical Theory Archive*, da Universidade da Califórnia em Irvine. Na medida do possível, as notas de Derrida foram reescritas aqui tal qual aparecem nas fichas originais.

Ficha 2

Lembrar:

1. Descrição nível antepredicativo permite compreensão experiência negação como raiva-aversão-medo-etc. (afeto) *cf.* Heidegger e Sartre.
2. Originalidade do sentido do negado (bola vermelha) afirma-se quando se fala de juízo.
3. Explicar necessidade dissimulação do ser para aparecer em uma região.

Ficha 3 (recto/verso)

Descartes: nada (néant) e falha (défaut) (Discurso do método, IV)
"Eu podia crer que as tinha [essas ideias] do nada, isto é, que elas estavam em mim pelo que eu tinha de falho."

Pascal (Do espírito geométrico, p. 181)
"Há os que pretendem [...] que dois nadas de extensão podem fazer uma extensão tanto quanto [o fazem] duas unidades, das quais nenhuma é número, [mas] fazem um número por composição; é necessário reparti-las [...] porque mil casas fazem uma cidade, embora nenhuma seja cidade [...] embora uma casa não seja uma cidade, ela não é tampouco um nada de cidade; há de fato uma diferença entre não ser uma coisa e ser um nada."

Sartre
"O nada não é [...], ele é nadificado por um ser que o sustenta."[2]
"O homem é o ser por quem o nada vem ao mundo."[3]

---

2. Aqui, Derrida parafraseia Sartre em *L'être et le néant*, *op. cit.*, p. 58.
3. *Ibid.*, p. 60.

Ficha 4 (recto/verso)

Bossuet	de uma positividade da força negativa. *Lógica*: infeliz ≠ não feliz, injusto ≠ não justo.
Sigwart	ideia negação definida nem pela presença de um conteúdo mental positivo nem por sua ausência. Pensar A como ausente é, antes de tudo, pensá-lo e, logo, tê-lo presente no espírito.
Kant	nenhum conceito negativo do ponto de vista lógico, mas realidade do ponto de vista transcendental.
Hamilton	"*There is no negation conceivable without the concomitant conception of an affirmation, for we cannot deny a thing to exist, without having a notion of the existence which is denied.*" [Não há negação concebível sem a concepção simultânea de uma afirmação, dado que não podemos negar que uma coisa exista sem ter a noção da existência disso que é negado.][4]
Kant	*Crítica da razão pura*. "Do ponto de vista do conteúdo de nosso conhecimento em geral, [...] as proposições negativas têm por função própria sim-

4. W. Hamilton, *op. cit.*, p. 216.

plesmente impedir o erro."[5] Citado por Sigwart citado por Bergson.

Lachelier

reencontra crítica de Goblot (sobre plano lógico) pp. 166-7[6]
pode-se inverter a fórmula de Sigwart. "Essa mesa é branca" implica que se poderia crer que ela não o seja.

e *contra Bergson*

"Se o espírito e o pensamento são alguma coisa e se *existir* é o ser afirmado pelo espírito, o espírito pode, com a mesma liberdade, afirmar um ser qualquer ou se recusar a afirmar o que quer que seja (ou, pelo menos, conceber-se por abstração como nada afirmando, conceber sua própria liberdade fora de todo exercício atual dessa liberdade). A observação de Bergson é singularmente profunda e perfeitamente justa do ponto de vista de seu realismo; mas ela se volta contra esse mesmo realismo. A ideia do nada implica e verifica a da 'liberdade' (no meu sentido dessa palavra, não no seu)."[7]

---

5. Ver nota 20 da terceira aula.

6. E. Goblot, *op. cit.*, pp. 166-7.

7. J. Lachelier, "Annotations au Vocabulaire de la Société française de philosophie", art. cit., pp. 197-8. Derrida sublinha.

UNIVERSITÉ DE PARIS

FACULTÉ DES LETTRES
ET SCIENCES HUMAINES

HISTOIRE DE LA COLONISATION

17, RUE DE LA SORBONNE
PARIS (5e)

LE 19

Heidegger : au fond prédécesseur [illegible] :

1) le Rien est vrai !

quelle force [illegible] l'étant ? mais comme

2) Comment un étant [illegible] [illegible] de la totalité ?

homme. [illegible], etc. [illegible]

rien = nier ? [illegible]

pour jamais [illegible] [illegible]

étant parmi l'étant ([illegible])

cf. l'effort [illegible] pour [illegible]

étant [illegible]. Effort pour [illegible]

[illegible] étant. Donc [illegible]

[illegible]. C'est [illegible]

cette [illegible] [illegible].

[illegible]

[5]

Ficha 5

Heidegger: no fundo, predecessor <ilegível>:
1) o Nada (*Rien*) não é nada (*rien*) = !
2) questão geralmente colocada a partir do ente? Mas como essa questão é possível? Como um ente, homem, filosofia, consciência etc. acaba por negar isso? Não podemos jamais compreender isso a partir de um ente entre outros (fosse este uma consciência, um para-si); o que é necessário ver é que para se pensar um ente em geral é necessário pensar a possibilidade do não ente. Logo, a questão do não ser em geral para a questão. É por essa questão que o ser se anuncia.

Levinas

Ficha 6

Não esquecer, com Sartre, experiência pré-judicativa de negação raiva – etc.

Ficha 7

– Origem da negação,
Background de questão moderna.
Kant: leva a sério o negativo.
Hegel: trabalho no negativo.
(Antes Platão
= negação = determinação
não ser – Descartes
= privação)[8]

Origem: sem descer aquém da lógica
- Bergson (Lachelier) *gênese psicológica* sem crítica
- Husserl *gênese transcendental* sem psicologismo
- Sartre (negatividade constitutiva[9] da consciência, prioridade do "em-si")

Conclusão o *Nada* (*Rien*) não é *nada* (*rien*). Ponto de partida.

Inversão: angústia heideggeriana.
o não ente[10].

Temporalidade e negação.

---

8. Do início da ficha até esse ponto, Derrida rasura as anotações.

9. No manuscrito, as seguintes palavras estão anotadas nas entrelinhas: "mas negação 'anterior' ao juízo".

10. Aqui, "não ente" é precedido de "não ser do ente", que está riscado.

Ficha 8

Se o não, em Alain, não se sustenta em algum sim mais fundamental, *significação*?
– o *sim axiológico*

fundamento?[11]
– *nihil privativum et negativum* [nada privativo e nada negativo]
origem da negação
– sim ontológico.

11. Uma flecha liga "fundamento?" a "sim ontológico".

Ficha 9

2ª parte:

O sim como fundamento de toda negação.

no nível da filosofia ≠ dúvida.

negatividade de ideias *plat*[ônicas][12]

nenhum querer → nada *mal* Platão – Malebranche – Santo Agostinho

- ceticismos
- Descartes Kant?
- niilismo?
- Lagneau

3ª parte: se o *sim* parece originário, de onde irrompe o não? E o que ele significa?

- Bergson
- Sartre
- Husserl
- Goblot
- Heidegger
- Birault

---

12. Aqui, há um jogo de palavras em francês – *plat*[*oniciennes*] –, irreprodutível em português, entre *plat* (raso) e *platônicas*, ideias conformes à filosofia de Platão. Algo como ideias rasas sendo ideias que se tornam platônicas. [N. do T.]

Ficha 10

Alain
Eis meu dogma:
Para duvidar, é necessário estar seguro, p. 280[13]
"[...] Nem mesmo haveria teologia sem um grão de dúvida. 'É bom', disse algum doutor, 'que haja heréticos.' Maneira de dizer que o espírito que não sabe mais duvidar desce abaixo do espírito. E mesmo a virtude de um santo: o que é senão uma dúvida heroica a respeito da virtude?[14]"

---

13. Alain, *Philosophie. Textes choisis pour les classes*, *op. cit.*, p. 280.
14. *Ibid.*, p. 283.

Ficha 11

(3)
– Fé = crença voluntária (contrária da credulidade [p. 250[15]])

"Aqueles que se recusam a crer são homens de fé."[16]

– O louco é um homem que estima igualmente todos os pensamentos que lhe vêm (p. 258)[17]
– O louco é um homem que se crê (p. 259)[18]
– Pensamento mecânico (deitado), pp. 260-2[19]
– *É necessário primeiro crer (sim),* p. 260[20]

Razão e pensamentos

– "Não há consciência que não suponha um mundo que sempre foi e sempre será."[21]

---

15. *Ibid.*, p. 250.
16. *Ibid.*, p. 260.
17. *Ibid.*, p. 258.
18. *Ibid.*, p. 259.
19. *Ibid.*, pp. 260-2.
20. *Ibid.*, p. 260.
21. *Ibid.*, p. 26.

Ficha 12

– Imanência ≠ dualismo corpo espírito
Braque
– Fé
Depois da fé.
Dupla crítica
1 – dizer não supõe sim.
2 – dualismo. Crença juízo *imanência*
espírito-natureza
espírito-corpo

Ficha 13

Crença e fé *em Kant*.

Ficha 14

Não

1) Alain.

2) Negatividade e *skepsis.* método (rota)
   – ceticismo.
   – dúvida.
   – *epoché.* ?

as recusas existenciais
   liberdade

3) A negação

Ficha 15

Alain A dúvida é o sal do espírito[22].
A função de pensar absolutamente não se delega[23].

22. *Ibid.*, p. 277.
23. *Ibid.*, pp. 277-8.

UNIVERSITÉ DE PARIS

FACULTÉ DES LETTRES
ET SCIENCES HUMAINES

HISTOIRE DE LA COLONISATION

17, RUE DE LA SORBONNE
PARIS (5e)

LE ________ 19

Crit. ; Alain.

Le but [illegible] [illegible]

Donc oui [illegible] [illegible]

[illegible]

~~[illegible]~~ Valeur [illegible]

[illegible] → [illegible]

Donc [illegible] [illegible]

[illegible]

~~[illegible]~~

perception = [illegible]

Paris, I.A.C.

[16]

Ficha 16

Crítica de Alain.
O não é um não a ser-feito (*être-fait*).
Logo, *sim* ao valor, ao dever-ser.
cf. Fé.
Valor não <ilegível>[24]
não o mesmo → sim ao ser.
Logo, não ≠ não fundamental (*pas fondamental*)
sim <ilegível>[25]
percepção – ciência

24. Aqui, há três ou quatro palavras ilegíveis.
25. Aqui, há duas palavras ilegíveis que talvez sejam "também não".

Ficha 17

2

Pensar.

"É pesar o que vem ao espírito, suspender seu juízo, controlar a si mesmo e não se satisfazer. Pensar é passar de uma ideia a tudo que se relaciona a ela e a tudo que a ela se opõe, a fim de ajustar todos os pensamentos ao pensamento atual. *É, portanto, uma recusa do pensamento natural e, profundamente, uma recusa da natureza, que, com efeito, não julga os pensamentos. Pensar é, então, julgar que tudo não está bem em nós do modo como se apresenta;* é um longo trabalho e uma paz prévia."[26]

"Tal é o espírito de incredulidade que não é senão o espírito simplesmente." (p. 250)[27]

---

26. Alain, *Philosophie. Textes choisis pour les classes, op. cit.*, p. 258. Derrida sublinha.

27. *Ibid.*, p. 250.

Ficha 18

– Pensar é dizer *sim* = Lagneau
– ateísmo e <ilegível>[28]
– aquiescência e sono
– *Cf.* Valéry Sartre
Husserl Bergson

28. No manuscrito, há duas palavras ilegíveis. A primeira é sem dúvida uma palavra grega. A segunda talvez seja "inspiração" e está ligada por flecha a "Lagneau".

Ficha 19

Crença e verdade

"Resumidamente, digo que o espírito ainda não fez nada, mas é porque ainda não despertou. Veneramos uma aglomeração de pedras enormes, e os verdadeiros crentes trarão a cada dia uma pedra nova. Assim é o túmulo de Descartes.

Seria necessário ousar; não se ousa. Mas será que realmente sabemos? A doutrina do livre juízo está profundamente enterrada. *Eu quase só vejo crentes. Eles têm mesmo esse escrúpulo de não acreditar senão no que é verdadeiro. Mas aquilo em que se crê nunca é verdadeiro.*"[29]

e toda a sequência... p. 274

Cf. também p. 277.

---

29. Alain, *Philosophie. Textes choisis pour les classes*, *op. cit.*, p. 273. Derrida sublinha.

POSFÁCIO
PENSAR COM DERRIDA É RESPONDER "SIM, SIM"

Do filósofo Jacques Derrida se pode dizer que é um pensador controverso. Suas proposições acerca de temas como desconstrução – sua noção mais popular e, por isso mesmo, menos compreendida –, fonofalogocentrismo, *différance* e hospitalidade incondicional, para citar apenas alguns, costumam ser classificadas como obscuras pelos mais críticos ou como inalcançáveis por leitores para os quais a aproximação com o pensamento derridiano pode ser árdua. De fato, ler Derrida não é tarefa fácil, e por inúmeras razões. Desprezo, no entanto, esse argumento de desqualificação de sua empreitada filosófica. Para pretender habitar o universo de pensamento de qualquer filósofo ou filósofa, é preciso empenhar-se em adentrar o seu vocabulário, conquistando alguma (in)familiaridade com seus termos, e, na melhor das hipóteses, criar caminhos próprios a fim de perseguir seus próprios interesses no *corpus* da obra. Ora, se aqui há uma pequena definição metodológica, ela também se aplica à filosofia de Derrida. No entanto, por uma tomada de posição do próprio Derrida, esse "*corpus* da obra" é constituído por textos que buscam escapar da formação de um sistema filosófico, são escritos, na grande maioria das vezes, "sob demanda" – geralmente acolhendo um convite para falar a respeito de determinado tema – e podem ser definidos como um "labirinto de inscrições", como fez com muita propriedade o filósofo Rafael Haddock-Lobo[1].

Nessa abordagem, Derrida é um pensador múltiplo, por vezes errático, cuja mescla de interlocuções é ampla: na tradição filosófica, com seus três Hs, Hegel, Husserl e Heidegger; no contexto histórico francês dos anos 1960, com Sartre, Foucault, Lévi-Strauss, Levinas, Lyotard, Nancy, Hyppolite e Althusser, mas também com o Nietzsche relido na França dos anos 1970; na linguística, com Saussure, Benveniste e Jakobson; na psicanálise, com Freud e Lacan; no campo pós-colonial, com Gayatri Spivak e Homi Bhabha; na ética e estética, com Kant, mas também Hannah Arendt; na teoria crítica, principalmente com Walter Benjamin, mas também Adorno; na literatura e na poesia, com Paul Celan e Maurice Blanchot; no feminismo, com Hélène Cixous e Drucilla Cornell... A lista é exaustiva. Há autores e autoras que participam da formação de Derrida, há outros em relação aos quais o filósofo estabelece posições críticas e há ainda pensadores que Derrida pensa com e contra, o que poderia ser uma boa definição de desconstrução: desconstruir é acompanhar um pensamento até o ponto de encontrar os seus limites e, a partir daí, lançar-se na tarefa de levar tal pensamento além desses limites. Significa que ser fiel à filosofia de Derrida é repetir esse duplo gesto – usando aqui a feliz expressão de Paulo Cesar Duque-Estrada[2] – em relação à

1. A respeito da metáfora do labirinto para figurar o pensamento de Derrida, ver Rafael Haddock-Lobo, *Derrida e o labirinto de inscrições*. Porto Alegre: Zouk, 2008.

2. A ideia de um duplo gesto acompanha a obra de Paulo Cesar Duque-Estrada em diferentes momentos. Há um texto em especial em

sua própria obra, ou seja, ser derridiano é necessariamente pensar para além do que restou impensado pelo próprio Derrida. E, mais, uma abordagem desconstrucionista na leitura de outros autores e autoras exige o mesmo movimento de ir com e contra, de ir junto e além.

Derrida se valeu dessa forma de leitura inúmeras vezes. A mais marcante delas está no segundo capítulo de *Gramatologia*, quando visita a linguística de Saussure e ali encontra um ponto cego na arbitrariedade da ligação entre significante e significado. Passa então a explorar as novas possibilidades abertas a partir desse argumento: já que a ligação é arbitrária, daí se pode deduzir que um significante não convoca o seu significado, mas sempre mais um significante, numa rede infinita de relações em que o sentido é dado por um sistema de diferenciação, e não pelo encontro com um significado transcendental. A passagem é identificada por Patrice Maniglier como um "verdadeiro momento filosófico do pensamento francês do século XX"[3]. Importante observar que há em Derrida um jogo entre dentro e fora, performativo da sua posição na filosofia francesa. Apresentado como um filósofo franco-argelino, ele encarna na sua trajetória de judeu magrebino nascido na Argélia, de colonização francesa, a questão contemporânea da colonialidade, suas formas implícitas e explícitas de violência e, sobretudo, o problema do pertencimento, tão bem expresso no hífen que ao

---

que ela me parece mais bem explicitada: "Derrida e a crítica heideggeriana do humanismo", in Evando Nascimento (org.), *Jacques Derrida: Pensar a desconstrução*. São Paulo: Estação Liberdade, 2005.

3. Tenho mantido com alguma constância a referência a esse momento filosófico, sobre o qual se pode ler mais em Patrice Maniglier, "Térontologie saussurienne: Ce que Derrida n'a pas lu dans le Cours de linguistique générale", in Patrice Maniglier (org.), *Le moment philosophique des années 1960 en France*. Paris: PUF, 2011.

mesmo tempo une e separa "franco-argelino". Ser franco-argelino é, portanto, diferente de ser francês e de ser argelino, tema que foi se incorporando aos textos mais biográficos de Derrida, como *O monolinguismo do outro*, "Circonfissão" ou *Fichus*, embora a rigor seja preciso atribuir um caráter biográfico a toda a sua escrita, se entendermos que o pensamento da desconstrução tem como ponto de partida a desconstrução do sujeito do conhecimento como uma entidade neutra, externa ao próprio pensamento e, portanto, supostamente não implicada no saber que produz.

Com esse breve preâmbulo, introduzo os leitores e leitoras de *Pensar é dizer não* no que considero as características mais distintivas de seu autor. Aos poucos, entretanto, com a publicação dos seus seminários e cursos, pesquisadores e pesquisadoras da filosofia de Derrida passam a ter a oportunidade de tomar contato com aspectos bem menos erráticos ou labirínticos do que aqueles a que me referi antes. Como professor em sala de aula, Derrida nos surpreende com uma linearidade tanto interna quanto cronológica. Já a marca da sua filosofia está posta desde a origem, se quisermos tomar como origem esse primeiro curso oferecido na Sorbonne – e, como a origem, para Derrida, é sempre da ordem de um suplemento, é também arbitrária. Desde aqui poderíamos apontá-lo como o *enfant terrible* que pretendeu ser na filosofia francesa contemporânea. Contra o clichê estabelecido, o de perguntar "o que é a filosofia?", em *Pensar é dizer não* Derrida oferece um deslocamento da questão para "o que é o pensamento?". Ao modificar a pergunta orientadora, ele muda as possibilidades de resposta e se apresenta desde o início não como um filósofo, mas como um pensador que busca ocupar o lugar dessa diferença, já vislumbrada nesse curso e perseguida ao longo das décadas seguintes como projeto de pensamento.

Ocupar as margens, eis uma definição possível para a posição filosófica de Derrida, expressa em diversas passagens de *Pensar é dizer não*. E, a partir da margem, interrogar a pretensão de estabelecimento da verdade presente na filosofia como teoria do conhecimento. Com essa lente, leio, por exemplo:

> Pode parecer inicialmente que, na medida em que pensar é procurar apreender a verdade e dizer "o que é?", isto é aquilo, pode parecer que o pensamento esteja em busca de uma afirmação final, de uma aprovação dada ao verdadeiro [...].[4]

Como pesquisadora da filosofia de Derrida, persegui – e me oriento por – uma questão expressa na passagem citada: por que pensar seria necessariamente perguntar "o que é?"? Deparei-me com esse problema pela primeira vez ao ler uma entrevista realizada em 1992, de publicação póstuma, em que Derrida havia sido convidado a responder "o que é a desconstrução?". Ali, em pouquíssimas linhas, ele desconstrói o enunciado da pergunta, performatizando, para quem pudesse entender, o movimento da desconstrução:

> É preciso entender este termo, "desconstrução", não no sentido de dissolver ou destruir, mas de analisar as estruturas sedimentadas que formam o elemento discursivo, a discursividade filosófica à qual pertencemos. Isso passa pela linguagem, pela cultura ocidental, pelo conjunto disso que define nosso pertencimento a essa história da filosofia.[5]

---

4. Ver *supra*, p. 5.

5. "Qu'est-ce que la déconstruction?", in *Commentaire*, n. 108, 2004/4, p. 1099 . São minhas todas as traduções de textos citados a partir do original em francês.

Na continuação, argumenta que, numa definição econômica, a desconstrução é um pensamento da origem e dos limites da questão "o que é?". Segundo ele, tal questão dominou a história da filosofia e, a cada vez que tentamos pensar a partir dessa formulação, esbarramos em limites por vezes nem sequer percebidos. "A desconstrução aborda tudo que a questão 'o que é?' comandou na história do Ocidente e da filosofia ocidental [...]. Desse ponto de vista, de fato, não se tem o direito de demandar [ao pensamento da desconstrução] uma resposta às questões 'o que você é?' ou 'o que é?' sob a forma corrente dessas perguntas."[6]

Publicada em 2004 logo após a morte de Derrida, a entrevista causou impacto na minha pesquisa e foi consolidando em mim a compreensão a respeito da proposição de "ocupar as margens", procurar as brechas possíveis para além dessa pergunta, o que significaria, em grande medida, uma experiência de pensamento fora do âmbito da busca por uma verdade, pela verdade, pelo verdadeiro, que, a seguir o argumento de *Pensar é dizer não,* define-se por um sim, um único sim. Em breve veremos como, no duplo gesto derridiano, o "sim" também se duplica.

Analisemos, antes, esta passagem:

> Sem dúvida o sim, a aprovação, a afirmação, a aceitação são o fim do pensamento, o fim no sentido de *telos,* no sentido de um polo ideal, de finalidade; sem dúvida o pensamento se realiza no sim, mas o fim no sentido de *telos* é também o fim no sentido de termo e de limite. Quando ele diz "sim", o pensamento enfim se detém; ele é limitado, ele cessa de ser, como pensamento.[7]

---

6. *Ibid.*, p. 1100.
7. Ver *supra*, pp. 6-7.

Aqui, Derrida condensa temas que permanecerão em toda a sua obra: fim e finalidade, limite do pensamento direcionado à verdade e, portanto, interrogação da filosofia como teoria do conhecimento. Inaugura-se, principalmente com ele, a necessidade de a filosofia contemporânea voltar-se para si mesma, razão pela qual tenho apontado o pensamento da desconstrução como metafilosofia, uma permanente tentativa de pensar-se a si mesmo antes de dirigir-se ao mundo a fim de interrogá-lo. Se aos antigos a filosofia era provocada pelo espanto de responder o que é o mundo, e se aos modernos tratava-se de estabelecer os critérios de validade de verdade, aos contemporâneos resta a tarefa de pensar "como ainda fazer filosofia".

Ao debruçar-se, desde o início, sobre a ligação entre história da filosofia e filosofia da história – tema de um de seus primeiros trabalhos –, Derrida toma posições no cenário do pensamento francês do século XX. Contra uma história da filosofia colonizadora e colonizada, é preciso sempre lembrar que, vindo da Argélia, ele chega a Paris em 1949 e ali permanece estudando, inclusive durante o sangrento e torturante período da guerra de libertação da Argélia (1954-1962). Leciona filosofia na Sorbonne entre 1960 e 1964, quando ministra, entre outros, o curso agora traduzido. Antes havia escrito, embora não publicado, *Le problème de la genèse dans la philosophie de Husserl* (1954), filósofo a quem dedicaria em seguida dois outros trabalhos: sua introdução, bem como a tradução, do ensaio "A origem da geometria" (publicada em 1962) e o livro *A voz e o fenômeno* (1967). Se ele estava às voltas com a ideia de que pensar é dizer não, cabe a pergunta: não a quê? No prefácio do livro de 1954, ele escreve:

Ao longo deste trabalho, duas problemáticas não cessarão de se misturar e se implicar. Se se prestam a definições distintas e estritamente justapostas, será preciso falarmos aqui de uma problemática "especulativa" ou, em sentido muito amplo, filosófico e de uma problemática "histórica". No entanto, é necessário dizer desde já que a filosofia da gênese à qual nós terminaremos por aderir nega precisamente a possibilidade de tal distinção; metódica e convencional, ela nos revelará as implicações radicais da inseparabilidade essencial destes dois mundos de significações: a história da filosofia e a filosofia da história.[8]

Retornemos ao problema de dizer um único sim, que será sempre dito à verdade, e de pensar dizendo não, como na proposta do curso. Seguindo o argumento derridiano, a história da filosofia e a filosofia da história se encontram no sim, com este sim, dito tanto pela história da filosofia ocidental à origem como essência ou substância quanto pela filosofia da história ao progresso, sendo apenas aquilo que tem direito ao estatuto de humano.

Posso postular, com isso, que a crítica ao humanismo que virá impregnar a filosofia de Derrida nos anos subsequentes a esse curso e fornecerá as bases para suas proposições ético-políticas é estabelecida dizendo não à sobreposição entre o humano e o homem europeu, a partir do qual são formuladas todas as formas de violência contra "todo outro que é totalmente outro". Chegará o momento, então, de dizer sim – não este sim único com o qual o filósofo acredita ter se encontrado com a verdade, mas um duplo sim, o "sim, sim" presente no monólogo de Molly Bloom[9], o "sim, sim" como atitude ética de abertura

---

8. Jacques Derrida, *Le problème de la genèse dans la philosophie de Husserl*. Paris: PUF, 1990, p. 1.

9. Permito-me referir a como desenvolvi esse argumento em: Carla Rodrigues, *Duas palavras para o feminino*. Rio de Janeiro: Nau, 2013.

à alteridade e, portanto, o "sim, sim" que abre o pensamento a tudo aquilo que não cabe nas fronteiras limitadas da filosofia, o "sim, sim" que faz Derrida ser nomeado por Mónica Cragnolini como filósofo do tremor e por Drucilla Cornell como filósofo do limite[10].

"Pensar é dizer não" une-se, aqui, a fazer da metafilosofia um instrumento de alargar as questões filosóficas para além daquilo que ainda não era digno desse nome. É assim que temas contemporâneos adentram o pensamento de Derrida, cuja trajetória pode ser explicada como uma posição permanente de dizer não aos problemas herdados do cânone filosófico para dizer "sim, sim" às questões cujo estatuto filosófico não pertenciam nem à história da filosofia nem à filosofia da história. Gosto de situar o pensamento de Derrida como um acontecimento que força a filosofia a aberturas, fazendo do movimento de pensar uma escuta atenta ao chamado do outro, uma busca por essas brechas às quais já me referi. Vem da feminista Drucilla Cornell e do comentador John Caputo a proposta de identificar Derrida ao *chiffonnier* da poesia de Baudelaire ou ao colecionador na filosofia de Walter Benjamin, aquele que recolhe pedaços, pequenas peças, fragmentos, restos[11]. "Derrida quer reivindicar a singularidade do que é muito pequeno, muito finito para ser elevado pela grandeza e pela universalidade da lei, muito

---

10. Ver, respectivamente, Mónica B. Cragnolini, "Temblores del pensar: Nietzsche, Blanchot, Derrida", in *Pensamiento de los Confines*, n. 12, jun. 2003, pp. 111-9 (disponível em: https://www.academia.edu/6886584/Temblores_del_pensar_Nietzsche_Blanchot_Derrida – acesso em: 9 mar. 2024); e Drucilla Cornell, *The Philosophy of the Limit*. Nova York e Londres: Routledge, 1992.

11. Desenvolvo esse argumento em: Carla Rodrigues, "Derrida, um filósofo maltrapilho", in Rafael Haddock-Lobo *et al.* (orgs.), *Heranças de Derrida*, vol. 1: *Da ética à política*. Rio de Janeiro: Nau, 2014.

fraco e impotente quando é posto 'diante da lei'", escreve Caputo[12].

Se pareço ter tomado um desvio é em parte porque pensar com Derrida traz essa experiência de deriva e em parte porque considero haver, no interesse por esses restos, uma posição filosófica relacionada ao tema de *Pensar é dizer não*. Vejamos esta passagem: "A verdade nunca está em um objeto, não é um tesouro, não é um segredo que guardamos; ela deve ser sempre recomeçada."[13] Ora, por que em relação à verdade o filósofo deve sempre recomeçar? A primeira resposta: é preciso duvidar – e vale observar o lugar importante ocupado pela dúvida cartesiana no debate –, de novo e mais uma vez, daquilo que foi encontrado sob o signo da verdade. A segunda hipótese de resposta parece mais interessante: porque, seja na história da filosofia, seja na filosofia da história, a verdade filosófica é elevada ao lugar de grandeza universal, sob a lei do humano, esse ser único com o poder de tornar tudo mais irrelevante. Isso que resta diante da grandeza da verdade é o que interessa ao pensamento de Derrida, autor de enorme importância para a teoria feminista, a teoria *queer* e mesmo o pensamento pós-colonial[14]. Autor, portanto, cuja obra filosófica pode ser resumida como uma operação de abertura da filosofia a seus outros – a relação com a alteridade, aqui entendida como o que resta

12. John D. Caputo, "Dreaming of the innumerable", in Ellen K. Feder, Mary C. Rawlinson e Emily Zakin (orgs.), *Derrida and Feminism: Recasting the Question of Woman*. Nova York, Londres: Routledge, 1997, p. 153.

13. Ver *supra*, p. 27.

14. Sigo muito de perto o argumento de Haddock-Lobo, para quem *O monolinguismo do outro* inaugura a abordagem pós-colonial na obra derridiana. Recentemente, retomei a leitura desse texto e tive a oportunidade de confirmar essa percepção.

do lado de fora da filosofia por ser considerado pequeno, instável, fraco para oferecer garantias à verdade. Por isso, a equivocidade da linguagem está entre os interesses de Derrida desde os seus primeiros textos. Na introdução à "Origem da geometria", ele escreve:

> Husserl nunca deixou de apelar ao imperativo da univocidade. A equivocidade é o caminho de toda aberração filosófica. É muito mais difícil não se precipitar aí onde o sentido da equivocidade em geral é ele mesmo equívoco. [...] Essa plurivocidade não é "uma plurivocidade contingente", mas "inevitável", "que não se saberá eliminar das línguas por nenhuma disposição artificial nem por nenhuma convenção". [...] A univocidade é a condição de uma comunicação entre as gerações e os pesquisadores, não importa a que distância. Ela garante a exatitude da tradução e a pureza da tradição.[15]

A oposição husserliana entre linguagem unívoca (apenas esta garantidora da ciência e, portanto, da verdade) e linguagem equívoca (a do uso comum e a da literatura) faz questão a Derrida e torna-se um caminho de aproximação com a literatura de James Joyce, autor que o filósofo opõe a Husserl ao dizer que sua

> linguagem [que] faz aflorar na maior sincronia possível a maior potência das intenções ocultas, acumuladas e entremeadas na alma de cada átomo linguístico, de cada vocábulo, de cada palavra, de cada proposição simples, pela totalidade das culturas mundanas, na maior genialidade

---

15. Jacques Derrida, Excerto de "Introdução à 'Origem da geometria' de Husserl". Trad. Carla Rodrigues. In *Em construção*, n. 3, 2018, p. 69. Disponível em: https://www.e-publicacoes.uerj.br/emconstrucao/article/view/34349/24264 – acesso em: 9 mar. 2024.

de suas formas em que a experiência de equivocidade de linguagem é radicalizada.[16]

Derrida desenvolverá desde o início um grande interesse pela linguagem e pela literatura justo por estar voltado a pensar na linguagem – dentro dela – e não com a linguagem, aqui definida como puro meio para a expressão da verdade.

Da experiência de linguagem de *Ulisses*, de Joyce, Derrida recolhe a passagem com a qual pretendo me aproximar da conclusão:

> e o mar o mar carmesim às vezes como fogo e os gloriosos crepúsculos e as figuras nos jardins da Alameda sim e todas as ruazinhas estranhas e as casas rosa e azuis e amarelas e os jardins-de-rosas e os jasmins e os gerânios e cactos e Gibraltar quando eu era mocinha onde eu era uma Flor da montanha sim quando eu pus uma rosa no meu cabelo como as moças andaluzas usavam ou será que eu vou usar uma vermelha sim e como ele me beijou debaixo do muro mouresco e eu pensei bem tanto faz ele como um outro e então eu lhe pedi com meus olhos que pedisse novamente sim e então ele me pediu se eu queria sim dizer sim minha flor da montanha e primeiro eu pus meus braços à sua volta sim e o arrastei para baixo sobre mim para que ele pudesse sentir meus seios todos perfume sim e seu coração disparou como louco e sim eu disse sim eu quero Sim.[17]

Para Derrida, nesse duplo sim reside a abertura incondicional ao outro. Duplo sim porque o "primeiro sim", dito à alteridade radical, demanda repetição, e porque o

---

16. *Ibid.*, p. 70.

17. James Joyce, *Ulisses*. Trad. Bernardina da Silveira Pinheiro. Rio de Janeiro: Objetiva, 2005, p. 815.

"sim" tem função de resposta e força de um compromisso originário e incondicional. A repetição e a necessidade de confirmação do sim indicam uma reafirmação interna imediata, a memória do compromisso assumido; o primeiro sim é a abertura ao outro, o segundo sim é abertura singular àquele outro.

Caputo aborda esse duplo sim como resposta ao chamado do outro, como um sim ao estrangeiro, o sim que vem antes mesmo da questão[18]. Rodolphe Gasché aponta que o "sim" nunca vem sozinho, os dois "sins" se contaminam entre si, se perturbam. E, nesse duplo sim, Simon Critchley localiza a formulação ética no pensamento da desconstrução[19]. Se todos esses comentadores referem-se ao momento mais ético-político da filosofia de Derrida, em *Pensar é dizer não* já é possível localizar os primeiros indícios de como seu pensamento se desdobraria a partir da recusa a uma garantia de verdade para abrir-se à diferença, esta que anos depois ele nomeará *différance*[20].

Foi nesse duplo sim que encontrei uma referência feminina na proposição ético-política de Derrida. "Sim, sim", dito por uma mulher, confronta a história da filosofia e a filosofia da história que buscam dizer sim à

---

18. John D. Caputo, *op. cit.*, p. 54.

19. Rodolphe Gasché, *Inventions of Difference: On Jacques Derrida*. Cambridge, Londres: Harvard University Press, 1995; Simon Critchley, *The Ethics of Deconstruction: Derrida and Levinas*. Indiana: Purdue University Press, 1999, p. 189.

20. Como fizeram Alexandre Carrasco e Fernanda Alt, refiro-me ao meu artigo a respeito das impossibilidades de traduzir Derrida, em especial no que diz respeito ao tema da *différance*, homofonia com *différence*, esta sim sinônimo de "diferença". Mais sobre o debate em Carla Rodrigues, "Isso que permanece irredutível no trabalho de luto e na tarefa de tradução", in *ITER*, n. 2 (*Traduire Derrida aujourd'hui*), 2020.

verdade. Interroga, pela literatura, a filosofia como teoria do conhecimento e caminho único para a verdade, para a univocidade da ciência postulada por Husserl, mas não apenas por ele, para a certeza das crenças dogmáticas. Pensar com Derrida é dizer não à pretensão de verdade da filosofia. É dizer "sim, sim" a todo outro que é totalmente outro. É abrir-se ao impossível, ao que só pode ser pensado numa experiência radical fora do cálculo. Pensar com Derrida é romper com a temporalidade cronológica, nem origem nem *telos*; é ocupar o *tempo do agora* benjaminiano, na fresta da porta aberta pelo messianismo sem Messias[21]. "Sim, sim", dito por uma mulher, figura uma experiência filosófica orgiástica, no porvir da queda do *vegetocarnofonofalogocentrismo*[22] e de toda a violência nele contida.

Carla Rodrigues

21. Caputo argumenta que o pensamento de Derrida se estabelece numa perspectiva messiânica muito singular, a que o comentador nomeia "messianismo sem Messias". Ele desenvolve a ideia em *The prayers and Tears of Jacques Derrida: 'Religion without Religion'*. Indianápolis: Indiana University Press, 1997.

22. É de Evando Nascimento a proposta de acrescentar o prefixo "vegeto" ao termo original derridiano, como ele argumenta em *O pensamento vegetal: A literatura e as plantas*. Rio de Janeiro: Civilização Brasileira, 2021, p. 142. Agradeço à pesquisadora Martha Bernardo pela indicação. A respeito do carnofonofalogocentrismo, remeto a Jacques Derrida, "'É preciso comer bem' ou o cálculo do sujeito". Trad. Denise Dardeau e Carla Rodrigues. In *Revista Latinoamericana do Colégio Internacional de Filosofia*, n. 3, Valparaíso (Chile), 2018, pp. 149-85.

ÍNDICE ONOMÁSTICO[1]

---

1. Este índice onomástico indica a ocorrência de nomes que aparecem unicamente no texto de Derrida (inclusive nos apêndices). Ele exclui, pois, a "Apresentação", o "Prefácio" e o "Posfácio", assim como as notas de rodapé.